세 상에 대하여
우리가
더 잘 알아야 할
교양

14

지은이 | 옮긴이 소개

지은이 루이스 스필스베리 Louise Spilsbury

루이스 스필스베리는 '발명'부터 '이슬람 제국'에 이르기까지 다양한 주제를 넘나들며 어린이와 청소년을 위한 책을
다수 저술했습니다. 저서로는 《왜 식물은 꽃이 있을까요?》《아이스에이지》 등이 있습니다.

옮긴이 정다워

연세대학교에서 영문학을 전공하였으며, 서울외국어대 통번역대학원을 졸업했습니다. 여러 대기업 및 정부산하기
관에서 통번역사로 다년간 활동하였으며 현재 번역에이전시 엔터스코리아에서 출판기획 및 전문번역가로 활동중
입니다. 주요 역서로는 《오언의 아주 특별한 비밀》《앨리와 비밀의 방1》 등이 있습니다.

감수자 이영관(순천향대학교 관광경영학과 교수)

한양대학교 관광학과를 졸업하고 동대학원에서 박사학위를 취득하였습니다. 인류역사를 빛낸 위인들의 발자취를
답사하면서 리더십과 여행문학을 연구하고 있습니다. 주요 저서로 《조선의 리더십을 탐하라》《스펙트럼 리더십》
《한국의 아름다운 마을》 등이 있습니다.

세 상에 대하여 우리가
더 잘 알아야 할
교양

루이스 스필스베리 글 | 정다워 옮김 | 이영관 감수

14

관광산업

지속 가능할까?

내인생의책

차례

※ **굵은 글씨**로 표시된 단어는 103쪽 용어 설명에서 찾아보세요.

관광산업은 '굴뚝 없는 공장'으로 불립니다. 관광산업이 공장 없이도 일자리를 창출시키고 지역 경제를 발전시키기 때문이지요. 예전과 비교하면 여가를 즐길 시간이 늘어나 관광산업은 점점 발전하고 있습니다. 이는 TV 뉴스를 통해서도 알 수 있습니다. 매년 여름이면 어김없이 뉴스에서 해외여행을 떠나려는 사람들로 가득 찬 공항 풍경을 보여 주니까요. 실제로 지난해 전 세계 공항을 통해 약 9억 8천 명이 여행을 떠났다고 합니다. 전 세계 인구의 7분의 1에 달하는 숫자지요. 우리나라를 방문하는 외국인 관광객 수도 천만 명 시대를 맞이했습니다.

현대인들은 휴식을 취하며 도약을 위한 재충전을 하고, 다양한 문화 체험을 통해 삶의 질을 제고하는 관광에 관심이 높아졌습니다. 게다가 항공기, 숙박, 볼거리, 먹을거리 등을 결제 한 번으로 해결하는 패키지 관광의 등장은 간편하면서도 가격이 저렴해서 관광의 대중화를 불러일으켰습니다. 하지만 패키지 관광은 여행사가 짜 놓은 일정대로 따라가게 되어 이국에서 느끼는 경험과 감동은 떨어질 수밖에 없습니다.

그 결과 패키지 관광에서 탈피하여 주체적으로 관광을 계획하고 참여하는 학습 지향적인 관광 문화를 실천하려는 사람들이 생겼습니다. 관광을 소비가 아닌 미래의 발전으로 이끌려는 투자의 관점에서 접근하는 것이지요.

관광객이 늘어나면 관광지 주민의 삶은 큰 변화를 맞이하게 됩니다.

과연 현지인들이 경제적 혜택을 받아 부를 축적할 수 있었을까요? 굴뚝 없는 공장으로 불리는 관광산업이 환경에 해를 끼치지 않는 것은 정말일까요?

항공기나 버스를 포함한 대부분의 운송 수단은 오염 물질을 배출합니다. 그뿐만 아니라 현지에서 관광객이 배출하는 쓰레기와 오수 역시 환경에 해를 끼치겠지요. 게다가 관광지에서 벌어들인 막대한 이익이 현지인에게 돌아가기보다 호텔·테마파크·운송 수단에 투자한 외국 대자본에 돌아갈 수도 있습니다. 관광은 우리가 알지 못하는 사이에 자연을 훼손하고, 원주민들의 삶의 방식과 전통문화를 파괴할 수도 있습니다.

그럼에도 관광은 우리가 알고 있는 대로 순기능도 하고 있습니다. 하지만 여러분이 생각하는 것처럼 관광이 모두에게 즐거운 것만은 아닙니다. 신발을 살 돈이 없어 맨발로 등산객의 짐을 나르는 네팔의 포터는 사실 땀이 아닌 눈물을 흘리고 있는지도 모르지요.

이 책은 관광산업의 순기능을 되짚어 봄과 동시에 관광산업을 둘러싼 생생한 사례를 보여 주며 그 이면에 감춰진 역기능을 살펴보게 합니다. 지속가능한 관광은 수익 사업이지만, 환경과 천연자원에 대한 인간의 영향을 최소화하는 것을 목적으로 합니다. 마지막 장을 덮을 때면 학생 여러분 각자가 지속가능한 관광의 한 형태인 공정여행의 필요성을 가슴 깊이 새길 수 있기를 바랍니다.

순천향대학교 관광경영학과
이영관 교수

들어가며 : 사례로 보는 관광산업

관광산업은 '굴뚝 없는 공장'으로 불립니다. 공장처럼 지역의 산업을 발달시키고 소득을 높이지만 전혀 매연을 배출하지 않기 때문이지요. 그런데 매연을 배출하지 않는다고 환경에 해를 끼치지 않는 걸까요? 다음은 케냐의 관광산업에 관한 이야기입니다. 이를 읽고 관광산업을 둘러싼 쟁점들을 알아봅시다.

케냐의 관광산업

케냐의 관광산업은 영국의 식민 지배를 받던 1930년대부터 시작되었습니다. 당시에는 야생동물을 사냥하려는 영국 왕족 같은 고위층이나 탐험가가 주로 케냐를 찾았습니다. 맹수를 사냥하기 위한 원정대는 이 여정을 '사파리'라고 불렀습니다. '사파리'는 스와힐리어로 '여행'이라는 뜻이지요. 그때만 해도 케냐에는 호텔도, 여행사도 없었습니다. 1963년 영국으로부터 독립한 케냐는 소득 증대와 일자리 창출을 위해 관광산업을 발전시키기 시작했습니다. 케냐 사람들은 사파리를 오는 사람들이 사냥보다는 '빅 파이브(코끼리, 사자, 표범, 코뿔소, 버펄로)'를 구경하러 온다는 사실을 알게 됐습니다.

케냐는 야생동물을 보호하기 위해 마사이마라와 차보 등을 국립보호구역과 **국립공원**으로 지정했습니다. 이러한 보호 지역에는 관리인을 두어 야생동물을 보호하게 하고, 가이드를 채용해 관람객을 안내하도록 했습니다. 또한 케냐는 외국인 투자를 받아 숙박 시설을 포함한 관광 **기반 시설**을 확충했습니다.

1989년에는 관광산업이 농업을 제치고 케냐의 주요 산업으로 떠올랐습니다. 그러나 2002년, 케냐의 항구도시 몸바사에서 이스라엘인이 소유한 호텔을 겨냥한 폭탄 테러가 발생했습니다. 안전을 걱정한 관광객들의 발길이 줄어들었고, 관광 수입은 하루에 100만 달러(약 11억 원) 이상 떨어졌지요. 하지만 2007년까지 관광객이 다시 꾸준하게 늘면서 총 200만 명 이상이 케냐를 찾았고, 관광 수입도 2억 3,500만 달러(약 2,800억 원)에 이르게 되었습니다.

관광산업은 케냐에 꼭 필요한 산업이지만 악영향을 끼치기도 했습니다. 여러 지역이 보호구역이나 국립공원으로 지정되면서 마사이족 같은 원주민의 삶은 어려워졌기 때문입니다. 마사이족은 전통적으로 일 년 내내 케냐 땅을 가로질러 이동하며 자유롭게 소를 키우면서 살았습니다. 그런데 정부가 농사를 짓고 싶어 하는 사람들에게 땅을 팔면서 마사이족을 보호구역 밖으로 내쫓았습니다. 땅의 구획이 나뉘면서 마사이족은 자유롭게 이동할 수 없게 되었고 결국 소를 키우는 일을 포기할 수밖에 없었습니다. 게다가 지난 수십 년간 이뤄진 코끼리 보호 정책이 성공하면서 마사이족에게는 또 다른 문제가 생겼습니다. 코끼리가 마사이족이 키우는 작물을 짓밟거나 먹어치운 것입니다.

관광산업은 원주민뿐만 아니라 동물 및 자연환경에도 악영향을 끼

케냐 암보셀리 국립공원에서 관광객을 실은 사파리 차량 여러 대가 코끼리를 따라가고 있다. 더 큰 국립공원
에서는 사파리 차량 40대 이상이 동물 한 마리를 따라다니는 때도 있다.

치고 있습니다. 국립공원 내에 사파리 차량이 너무 많이 늘었기 때문이
지요. 마사이마라 국립보호구에서는 동물 한 마리 주변에 사파리 차량
이 최대 40대가량 서 있는 경우도 비일비재합니다. 이렇게 수많은 사파
리 차량들이 달리면서 땅을 헤집어, 동물들이 먹는 풀을 망가뜨리고 있
습니다. 또한 수많은 관광객 때문에 동물들은 번식과 사냥을 방해받고
있지요.

　몸바사 섬을 비롯한 해안 관광지가 **개발**되면서 인도양도 영향을 받
고 있습니다. 일부 호텔에서 오수를 처리하지 않고 바다로 흘려보내는
데다, 스쿠버다이버들은 기념품으로 바다 속에 있는 희귀 산호초를 가
져가기 때문입니다.

알아두기

코끼리는 수명이 30년 정도다. 케냐의 코끼리는 살아 있는 동안 관광 수입으
로 한 마리당 매년 약 3,500달러(약 400만 원)를 벌어들인다. 상아를 얻기 위해
죽인 코끼리는 약 1,000달러(약 115만 원)의 가치가 있다.

1

관광산업이란 무엇일까요?

세계관광기구(World Tourism Organization)에 따르면 집을 떠나 어디론가 여행을 가서
하루 이상 머물렀다 오는 사람을 관광객(tourist)이라고 합니다. 관광산업은 이러한 관광
객이 필요로 하는 교통수단과 숙박 등의 서비스를 제공하는 산업을 말합니다.

세계 관광기구(World Tourism Organization)에 따르면 집을 떠나 어디론가 여행을 가서 하루 이상 머물렀다 오는 사람을 관광객(tourist)이라고 합니다. 관광산업은 이러한 관광객이 필요로 하는 교통수단과 숙박 등의 서비스를 제공하는 산업을 말합니다. 현재 전 세계에서 가장 빠르게 성장하고 있는 분야지요.

관광의 시작

관광의 역사는 전혀 짧지 않습니다. 이미 2천여 년 전에 부유한 로마인들은 이탈리아 해안을 따라 항해하면서 닻을 내리고 해변에서 파티를 즐겼습니다. 또한 사람들은 오래전부터 종교적으로 신성한 장소에 순례를 다녀오곤 했어요. 예를 들어, 이슬람교도들은 8세기부터 사우디아라비아의 메카에 있는 카바 신전으로 **성지순례**를 다녔지요. 17, 18세기에는 유럽 특히 영국 상류층 자녀들 사이에서 그랜드 투어가 유행했습니다. 그랜드 투어는 유럽 곳곳의 유적과 문화를 경험하려는 교육 목적의 관광이었습니다.

그러나 과거에는, 전 세계 대다수 사람에게 관광은 먼 나라 이야기였

외국 관광객으로 빽빽이 들어찬 스페인의 해변 사진. 이런 광경은 1960년대 이후 관광이 대중화되면서 흔히 볼 수 있게 되었다.

습니다. 비용도 부족했고, 일터를 떠나 있을 여유도 없었으며, 다른 세계에 대한 지식도 부족했기 때문입니다.

관광산업의 성장

최근엔 집을 떠나 국내나 국외에서 휴가를 보내는 사람들이 과거에 비해 아주 많아졌습니다. 이러한 관광의 대중화는 산업 발전, 특히 교통수단의 발전 덕분에 가능했습니다. 18세기에는 철도가, 20세기에는 고속 여객선, 자동차, 제트 비행기 등이 만들어지면서 사람들은 더 빨리, 더 멀리, 그리고 더 저렴한 비용으로 관광을 다닐 수 있게 되었습니다. 지금은 에어버스 A380처럼 크고 빠른 항공기가 최대 500명을 실어 나르고 있지요. 이처럼 21세기 들어 사람들은 비교적 싼 가격에 더욱 빠르고, 쉽게 해외여행을 할 수 있게 되었습니다.

알아두기

2011년 세계 공항을 이용한 해외 여행자 수는 약 9억 8천 명으로 전 세계 인구의 7분의 1에 달한다.

1960년대 대형 항공기의 개발은 관광산업을 완전히 바꾸어 놓았고, 1990년대 들어 항공권 가격이 더욱 저렴해지면서 공항은 유례없이 붐비게 되었다.

관광산업이 발전할 수 있었던 또 다른 이유는, 20세기 들어 선진국 국민의 여가 시간과 유급 휴가 기간이 늘어났기 때문입니다. 또한 개인 소득이 늘고, 맞벌이 부부가 증가하면서 휴가를 보내는 데 쓸 수 있는 예산이 많아졌어요. 여기에 온라인 예약 시스템이 발전하면서 휴가를 빠르고 효율적으로 계획할 수 있게 되었습니다. 사람들이 TV와 인터넷 으로 새롭고 흥미진진한 경험담과 색다른 장소를 접하면서 관광 욕구 가 커진 것도 관광산업 발전에 한몫했습니다.

관광의 종류

사람들은 휴가를 이전보다 자주 갈 뿐만 아니라 다양한 방식으로 즐 깁니다. 20세기 후반까지 여행자는 대부분 **패키지 관광**을 이용했습니 다. 패키지 관광이란 비행기 표부터 호텔, 식사, 오락거리까지 모든 것 이 포함된 여행을 말합니다. 패키지 관광의 가장 큰 장점은 저렴한 가격 입니다. 여행사에서 많은 관광객을 같은 비행기에 태우고, 같은 호텔에 머물게 하며, 같은 음식을 먹게 했기에 가격을 낮추는 게 가능합니다.

알아두기

패키지 관광은 1841년 영국에서 시작되었다. 토머스 쿡 목사가 금주 캠페인 참가자 500여 명과 함께 기차를 타고 레스터에서 러프버러까지 다녀왔다. 이 여행의 성공에 힘입어, 토머스 쿡은 본격적으로 세계 최초의 여행사를 차려, 여 행 안내 책자를 발행하고 패키지 관광을 시작했다.

요즘은 많은 사람이 급류 래프팅과 같은 익스트림 스포츠를 즐기는 모험 관광을 하고 싶어한다. 신체 부상, 심지어는 생명의 위험을 무릅쓰고 즐기는 익스트림 스포츠는 아드레날린이 솟구치는 짜릿함을 준다

그러나 이제는 자신의 취향에 맞게 특별한 휴가를 즐기려는 사람이 늘고 있습니다. 사람들은 요리, 그림을 배우거나 해당 지역의 역사나 건축에 대해 공부하러 교육 관광을 떠나기도 합니다. 서핑(파도타기)과 산악자전거를 즐기는 스포츠 관광과 급류 래프팅, 산악등반, 행글라이딩, 스쿠버다이빙 등을 하는 **모험 관광**도 많은 관심을 받고 있습니다. 해외에서 결혼식을 하거나 생일 등의 기념일을 보내기 위해 여행을 떠나는 사람들도 있습니다. 또한 의료 목적의 관광도 있습니다. 유럽인이

수술을 받으러 인도에 가거나 미국인이 의약품을 사려고 캐나다에 가는 것이 그 예입니다. 자국에서보다 의료비가 싸기 때문에 해외로 가는 것이지요.

관광지

　사람들은 산, 폭포, 바다와 같이 자연경관이 뛰어난 곳을 찾습니다. 또한 잉카 문명의 유적지인 페루의 마추픽추와 프랑스 파리의 에펠탑과 같은 유적·유물을 관람하기 위해 관광을 갑니다. 또한 성지순례를

▌인도에서는 코끼리를 타고 정글로 들어가서 호랑이와 코뿔소 같은 야생 동물을 구경할 수 있다.

떠나는 사람들도 여전히 많습니다. 하지만 모두가 종교적인 이유로 성지를 찾는 것은 아닙니다. 가령 남아프리카공화국을 찾는 여행자들은 넬슨 만델라 대통령이 18년 동안이나 감금되어 있던 로벤 섬에 들러 그의 숭고한 정신을 기립니다. 이처럼 역사적인 인물의 발자취를 좇아 여행하는 사람들도 많습니다.

특별한 행사가 열리는 곳도 좋은 관광지가 됩니다. 사람들은 올림픽이나 **칸 영화제, 글라스톤베리 페스티벌**과 같은 세계적인 축제를 즐기러 가거나 개기일식을 보려고 여행을 떠나지요. 또 미국에 있는 디즈니랜드와 같은 테마파크나 특별한 목적으로 지어진 휴양지로 놀러 가는 사람들도 있습니다.

지속가능한 관광

관광객의 수가 많아짐에 따라, 사람들은 관광으로 인한 환경오염과 동·식물 서식지 파괴와 같은 문제에 부딪히게 됩니다. 그래서 '**지속가능한 관광**'이 생겨났습니다. 환경과 천연자원을 파괴하지 않으면서 지역 문화도 해치지 않게 관광하자는 취지에서 시작된 것이 바로 지속가능한 관광입니다. 지속가능한 관광은 오늘날 관광산업에서 가장 크게 성장하고 있는 분야입니다.

누가 어디로 여행을 갈까요?

우리는 대개 선진국 사람들이 돈도 많고, 휴가 기간도 길어서 여행을 더 많이 간다고 생각합니다. 실제로도 그렇습니다. 2001년 전 세계 관광객 절반 정도가 미국, 독일, 영국, 일본, 프랑스 단 5개국 사람들이었으니까요. 이들은 주로 해외가 아닌 국내로 여행을 갔는데, 특히 미국인 여행자 중 무려 95퍼센트가 국내 여행을 택했습니다. 한편, 개발도상국 국민 가운데도 해외여행을 떠나는 사람들이 많아졌습니다. 그 한 예로 해외여행을 가는 중국인은 2000년부터 2006년 사이 3배로 늘었습니다. 중국의 부유층이 증가했기 때문입니다.

가장 많이 찾는 관광지

유럽은 전 세계 관광객 중 절반 이상이 찾는 최대 관광지입니다. 그 다음으로 관광객이 많이 방문하는 곳은 아시아와 태평양 지역입니다.

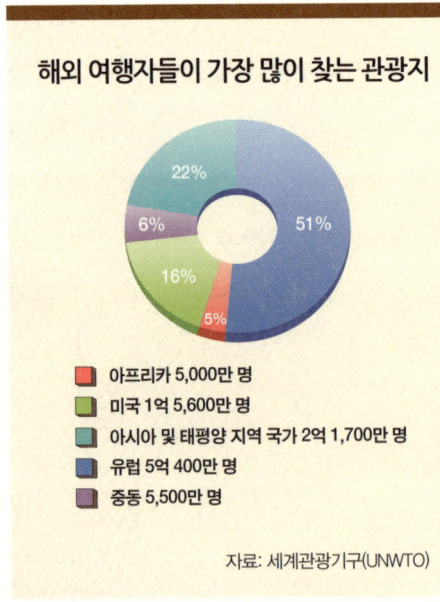

해외 여행자들이 가장 많이 찾는 관광지

- 22%
- 6%
- 16%
- 5%
- 51%

- ■ 아프리카 5,000만 명
- ■ 미국 1억 5,600만 명
- ■ 아시아 및 태평양 지역 국가 2억 1,700만 명
- ■ 유럽 5억 400만 명
- ■ 중동 5,500만 명

자료: 세계관광기구(UNWTO)

관광객이 많이 찾는 국가 순위
(단위 : 만 명)

국가	2010	2011
1. 프랑스	7,710	7,950
2. 미국	5,980	6,230
3. 중국	5,570	5,760
4. 스페인	5,270	5,670
5. 이탈리아	4,360	4,610
6. 터키	2,700	2,930
7. 영국	2,830	2,920
8. 독일	2,690	2,840
9. 말레이시아	2,460	2,470
10. 멕시코	2,330	2,340

자료: 세계관광기구(UNWTO)

관광객이 많이 찾는 관광지 목록에 **개발도상국**이 오르는 경우는 거의 없지만, 이들 나라는 경제가 발전하면서 관광객 증가율이 급격히 높아지고 있어요. 캄보디아의 경우, 1995년부터 2006년 사이 관광객이 8배나 늘었습니다. 사람들이 많이 찾는 관광지 중에서 가장 빠른 성장세를 보인 곳은 중동, 특히 사우디아라비아와 이집트였습니다. 계속되는 정치적 긴장과 안전의 위협이 있는데도 말이지요.

2007년에는 관광객 4,600만 명이 미국의 뉴욕을 방문했다. 이 가운데 3,700만 명은 미국인이고 나머지 900만 명은 다른 나라에서 온 관광객이었다.

국제적인 산업

해외여행을 떠나는 사람의 수가 늘면서 관광산업은 국제적인 산업으로 부상했습니다. **세계화**와 국제무역의 증가로 관광산업은 다른 국제적인 산업처럼 전 세계에 영향을 미칩니다. 특히 사람들이 언제 어디로 휴가를 갈지, 경비로 얼마를 쓸지 등은 관광지의 자연환경과 현지 주민에게 큰 영향을 주지요.

관광산업의 영향이 긍정적인지 부정적인지에 대한 논쟁은 아직 뜨겁습니다. 관광산업은 현지 주민과 해당 지역에 도움이 되는 것일까요? 아니면 역효과를 일으키는 것일까요? 관광산업이 경제를 성장시키고, 국제 협력을 촉진하는 것일까요? 아니면 관광지의 문화를 해치고 환경을 파괴하는 것일까요?

관광산업은 국가가 발전하기 위한 좋은 수단입니다. 하지만 일단 관광지로 개발되면 그곳을 찾는 관광객이 많아지면서 본래의 모습을 잃을 수도 있습니다. 대표적인 예가 바로 멕시코 카리브 해 연안의 칸쿤입니다. 해안가에 눈부신 하얀 모래가 길게 이어진 칸쿤은 지상 낙원이라고 불렸습니다. 멕시코 정부는 아름다운 어촌이었던 칸쿤을 관광지로 개발하고 멕시코 전체 관광 수입의 25퍼센트를 칸쿤에서 벌어들이고 있습니다. 이제는 이곳을 지상 낙원이라고 부를 수 없게 되었지요. 칸쿤 해안가 호텔의 객실 수만 해도 24,000여 개에 달하는 데다, 매일 190대의 비행기가 들어오고, 연간 400만 명 이상이 칸쿤을 찾으니까요.

찬성 VS 반대

우리가 지금 비행기가 없는 세상을 상상할 수 없는 것처럼, 관광산업이 없는 세상은 생각할 수 없다.

–피트 번즈 영국 브라이튼 대학교 관광학과 교수

전반적으로 관광은 사람들이 돈을 쓰면서 재미를 느끼게 하는 비윤리적인 활동이다.

–조지 몬비오 영국 〈가디언〉지 칼럼니스트

간추려 보기

· 관광산업은 전 세계에서 가장 빠르게 성장하는 산업이다.
· 지금까지 사람들이 가장 많이 찾는 관광지는 유럽이었고 관광객의 다수가 유럽인이었지만, 점차 관광지와 관광객의 국적이 다양해지고 있다.
· 관광의 종류는 패키지 관광, 지속가능한 관광, 모험 관광 등으로 다양해지고 있다.

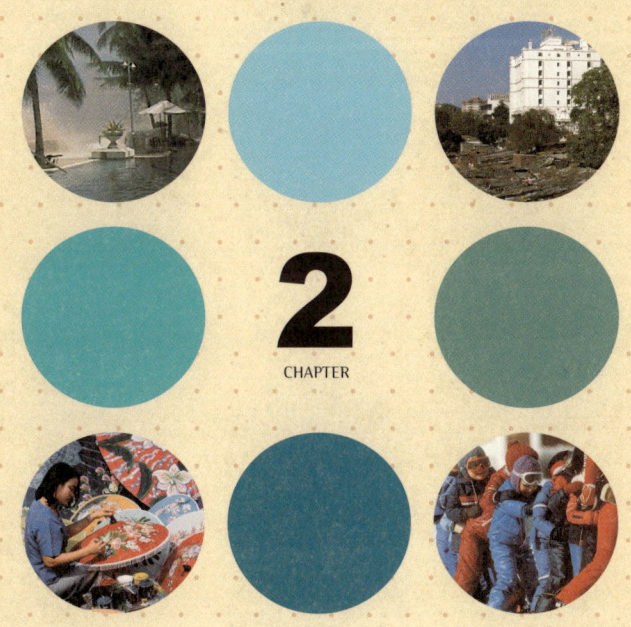

2
CHAPTER

관광산업은
경제와 어떤 관계가 있을까요?

관광객에게 관광은 즐거운 일이지만 관광산업에 종사하는 사람들에게 관광은 일자리와 돈을 의미합니다. 관광산업은 전 세계 국내총생산(GDP)을 모두 더한 것 가운데 10퍼센트를 차지하고 있습니다.

관광객에게 관광은 즐거운 일이지만 관광산업에 종사하는 사람들에게 관광은 일자리와 돈을 의미합니다. 관광산업은 전 세계 **국내총생산**(GDP)을 모두 더한 것 가운데 10퍼센트를 차지하고 있습니다. 국내총생산(GDP)이란 한 나라에서 1년 동안 생산된 모든 재화와 서비스의 시장 가치를 합한 것을 말하지요. 이렇게 관광산업으로 얻는 소득이 적지 않은 비중을 차지하고 있어 각 정부는 관광지를 개발하거나 보호함으로써 관광객을 더 많이 유치하려고 합니다.

관광 수입의 장점

관광산업은 많은 경제적 이익을 거두어 국가 경제에 큰 도움을 줍니다. 예를 들어 관광객은 호텔과 식당에서 돈을 쓰고, 기업은 토지를 사서 호텔과 공항을 짓는 등 각종 투자를 하므로 경제 발전에 도움이 됩니다. 또한 관광산업은 중요한 외화 수입원이지요.

관광산업은 일자리를 창출하고 돈을 벌어들이는데 여기서의 수익은 다시 관광산업을 발전시키는 데 쓰입니다. 도로, 호텔, 수자원, 위

인도 아마다바드의 사바르마티 강가에는 현대식 고층 호텔이 있다. 이 호텔은 주변의 판자촌과 극명한 대조를 이루고 있다.

생 시설, 공항을 비롯한 관광 기반 시설을 새로 만들거나 확충하는 데 투자할 수 있기 때문이지요.

어느 지역에 기반 시설이 개선되면, 긍정적인 연쇄반응이 일어납니다. 관광산업뿐 아니라 다른 산업도 함께 발전하는 것이지요. 가령 사람들이 쉽게 이동할 수 있도록 새로운 철로나 고속도로가 건설되는 곳에는 관광과 별 관련이 없는 공장이나 다른 산업 시설도 들어옵니다. 개선된 교통망을 통해 원자재와 상품을 효율적으로 나를 수 있기 때문입니다. 개발도상국일수록 이런 산업 시설의 유입 현상이 두드러집니다. 기반 시설이 마련된 데다가 선진국보다 인건비가 저렴하기 때문입니다. 따라서 개발도상국은 관광 수익으로 재정을 확충하면서 다른 산업도 발전시킬 수 있기 때문에 정부 차원에서 관광산업을 장려하고 있습니다.

스페인 마을 토레몰리노스

스페인 남부의 코스타델솔(Costa del Sol) 해안은 '태양의 해안'이라는 이름에 걸맞게 1년 내내 해수욕이 가능한 아름다운 해변이다. 코스타델솔에는 유명한 휴양지가 많은데, 토레몰리노스도 그 가운데 하나다. 토레몰리노스는 1950년대까지 가난한 어촌 마을이었다. 큰길 하나에 중앙 광장하나만 있었고, 유아 사망률과 문맹률이 높았다. 당시 스페인 정부는 이마을의 경제를 활성화하고자 호텔을 비롯한 관광산업의 기반 시설을 짓도록 장려했다. 그 결과 관광산업이 빠르게 발전하면서 수많은 단체 관광객이 토레몰리노스를 찾았고, 이곳은 대형 리조트 타운으로 변모했다. 아름다운 해변을 따라 크고 높은 호텔과 상점, 레스토랑, 카페 등이 잔뜩 들어섰다. 이에 따라 '콘크리트 해안'이라는 뜻의 '코스타 델 콘크리트'라는좋지 않은 별명도 얻게 되었다. 물론 긍정적인 변화도 생겼다. 관광객이늘어나면서 토레몰리노스 주민들의 수입이 증가했고, 교육 수준도 높아진 것이다. 토레몰리노스는 고장을 변화시킨 관광산업에 감사하며 매년9월 '관광객의 날'을 기념하고 있다.

관광 수입 분배의 양극화

관광 수입과 관련하여 중요한 문제가 있습니다. 수입의 대부분이해당 지역사회에 돌아가는 것이 아니라 외국이 소유한 회사로 흘러들어 간다는 점입니다. 이러한 현상을 '**누수 현상**'이라고 합니다. 돈이 관광지가 있는 국가에서 새어나와 외국계 여행사와 항공사, 그리고 호텔체인으로 유입된다는 것이지요. 케냐의 경우, 전체 호텔의 75퍼센트가량을 외국계 회사가 소유하고 있습니다.

또 수입이 고르게 분배되지 않는 것도 문제입니다. 관광객이 많아지면서 늘어난 수입은 소수의 부자 혹은 해안가 리조트 주인 등 몇몇 사람이나 한정된 지역에만 치우쳐 돌아갑니다. 그래서 나머지 사람들이나 다른 지역은 여전히 빈곤한 상태이지요.

알아두기

세계은행에 따르면, 전 세계 관광 수입의 45%만이 관광지가 있는 해당 국가로 돌아간다고 한다.

관광산업의 일자리 창출

전 세계적으로 관광산업 종사자 수가 2억 명이 넘을 정도로 관광산업은 많은 일자리를 창출하고 있습니다. 스페인 발레아레스 제도의 메노르카 섬은 발레아레스 제도 중에서 실업률이 가장 낮습니다. 주민 대부분이 관광산업에 종사하고 있기 때문입니다. 관광산업은 특히 석유나 광물 같은 천연자원이 없거나 제조업이 발달하지 못한 개발도상국에서 중요한 산업으로 여겨집니다.

관광산업은 직·간접적으로 일자리를 만들어 냅니다. 직접적으로는 관광지의 호텔과 리조트 내에 있는 편의 시설에서 일자리가 생깁니다. 이러한 일을 통해 현지인들은 관광산업에 필요한 새로운 기술도 배우게 되지요. 관광산업은 간접적으로도 일자리를 창출합니다. 관광객들

태국의 우산 공예는 소규모로 이루어졌으나 관광산업 덕에 번창했다. 버쌍에서는 매년 우산을 테마로 한 축제도 열고 있다.

에게 아이스크림을 팔기 위해 아이스크림 제조업자도 필요할 것이고, 호텔과 레스토랑에 음식 재료를 공급하기 위해 농부도 필요할 테지요. 관광객들에게 팔 기념품을 만드는 공예가와 공장 노동자의 일자리도 창출될 것입니다. 이 밖에도 관광객과 관광산업 종사자를 위한 병원이나 교육기관이 들어서면서 부수적인 일자리가 생기기도 합니다.

> ### 알아두기
> 전체 관광산업 종사자의 70% 정도가 여성이며, 여성 종사자의 절반이
> 25세 이하다.

일자리 문제

관광산업은 많은 일자리를 만들어 내지만 여러 가지 문제점도 안고 있습니다. 우선 외국계 회사는 현지인들에게 호텔 경영과 같은 전문 교육을 하지는 않습니다. 대신, 숙련된 직원들을 해외에서 데려옵니다. 이렇게 되면 현지 주민은 기술이 필요 없고, 임금이 적은 일자리만 얻게 됩니다. 호텔 식당 종업원이나 호텔 벨맨처럼 서비스 산업에서 일하는 사람들은 임금이 너무 적기 때문에, 생계를 꾸릴 만한 수입을 벌어들이려면 팁에 의존할 수밖에 없습니다. 예를 들어 몰디브의 고급 리조트에서 일하는 직원은 대부분 하루 1달러(1,100원) 미만으로 생활합니다. 부모들이 음식을 살 만큼 충분한 돈을 벌지 못해 5세 이하의 어린이 중 30퍼센트가 영양실조를 앓고 있습니다.

열악한 근로 환경도 큰 문제입니다. 근로자들은 오랜 시간을 힘들게 일하며, 계절에 따라 일자리가 사라지기도 합니다. 예를 들어 페루나 네팔에서 포터(짐꾼)들은 산악인들의 짐을 나르는 도중에 병에 걸리거나 목숨을 잃는 경우가 많습니다. 높은 고산지대인데다 옷을 충분

히 갖춰 입지 못한 채 무거운 짐을 옮겨야 하기 때문입니다. 크루즈선 근로자 중에서도 주방에서 일하는 이들은 몇 달 동안 비좁은 공간에서 함께 지내며 쉬는 날도 없이 일합니다. 한편, 스키장처럼 한 계절에만 문을 여는 리조트의 근로자들은 겨울이 아닌 다른 계절에는 어디에서 일해야 할지 걱정하며 고용 불안정에 시달리지요.

스키장에서 일하는 것은 힘든 노동이다. 장시간 근무에 임금은 적기 때문이다. 게다가 한 철에만 일하는 특성상 겨울을 제외한 계절에는 생계를 위해 다른 일자리를 찾아야 한다.

관광 의존도

어떤 나라든지 한 산업에 지나치게 의존하는 것은 위험한 일입니다. 이런 경향은 개발도상국에서 더욱 두드러집니다. 주요 산업이 관광산업인 개발도상국이 세계적으로 49개에 이르는데, 그중에서도 관광산업에 가장 크게 의존하는 나라가 37개나 됩니다.

개발도상국이 관광산업을 중점적으로 발전시키기 시작하면 더 많은 관광 수입을 벌 수 있습니다. 하지만 관광산업이 발전하면 다른 산업은 관심을 덜 받게 되지요. 예를 들어 지역 주민의 생계를 유지해 왔던 전통 수공예 산업은 오히려 피해를 보고 있습니다. 관광지에서 팔리는 기념품이 대개 그 지역이 아닌 다른 곳에서 대량생산된 것이기 때문입니다. 낮은 가격에 품질이 고른 제품을 공급받기 위해서는 어쩔 수 없는 선택이지요.

농업처럼 중요한 산업이 피해를 당할 경우에는 문제가 더욱 커집니다. 필리핀의 루손 섬에 있는 도시 바나웨는 2,000여 년 동안 일구어 낸 계단식 논에서 대규모 벼농사를 지어 왔습니다. 세계문화유산이자 세계 8대 불가사의인 이 계단식 논은, 일자로 이어 놓으면 지구를 반 바퀴 도는 거리라고 하지요. 그런데 이 계단식 논농사가 점차 쇠퇴하고 있습니다. 관광객이 많아지면서 이곳 주민이 농업보다 관광산업에 더 많은 시간을 쏟고 있기 때문입니다. 그 결과 논 면적이 차츰 줄어들었고, 바나웨의 쌀 생산력도 감소하고 있어요.

관광지가 갖는 또 다른 문제는, 세대가 지날수록 관광산업 **의존도**가 커진다는 점입니다. 휴가철만 되면 관광지에 있는 학교의 출석률은 크게 떨어집니다. 아이들도 관광산업과 관련된 일에 동원되기 때문입니다. 이는 결과적으로 아이들이 자신만의 직업을 찾을 기회를 줄이고, 관광산업에 더욱더 의존하게 합니다.

사례탐구 **몰디브**

2004년 12월, **쓰나미**가 몰디브를 포함한 인도양 일대를 강타했다. 1,190여 개의 섬으로 이루어진 섬나라 몰디브는 당시 199개 섬에서만 사람이 살고 있었다. 이 중에서 53개 섬이 쓰나미로 큰 피해를 당했고, 20개 섬은 완전히 파괴되었다.

몰디브는 인구의 40%가 관광산업에 종사하며, 관광산업이 2004년 GDP의 42%를 차지할 정도로 관광산업에 의존도가 높은 나라다. 2004년에 몰디브를 찾은 관광객의 숫자는 617,000명이지만, 쓰나미 발생 후에는 395,000명으로 크게 줄었다.

쓰나미 발생 직후 호텔 객실엔 손님이 절반도 채 차지 않았고, 수천 명이 예약을 취소했다. 몰디브를 방문할 계획이 있던 관광객들도 다시 쓰나미가 덮치지는 않을까 두려운 마음에 여행을 무기한 연기했다. 이 때문에 몰디브는 2004년부터 2005년까지 관광 수입이 약 1억 8,400만 달러(약 2,100억 원)나 감소했다. 그 금액은 쓰나미 피해를 당한 사람들을 돕고도 남을 정도였다. 몰디브 정부는 쓰나미로 불과 몇 분 만에 사회·경제적 발전 상태를 20년 전으로 후퇴하게 했다고 발표했다.

2004년 쓰나미가 발생한 뒤 피해국들은 관광객들이 현지에 계속해서 머물러 있기를 장려했다. 2005년 1월 9일, 태평양아시아관광협회(PATA) 회장은 "피해 지역을 돕고 싶다면, 지금 여행을 예약해 달라."고 촉구했다.

관광객의 급격한 감소

관광산업에 의존도가 높을 때의 위험성은 관광객이 갑자기 줄어들 때 분명하게 드러납니다. 2004년 동남아시아에 큰 피해를 줬던 쓰나미와 같이, 대규모 자연재해가 관광지를 강타하면 관광객이 많이 감소합니다. 또한 정치적 상황이나 테러의 위험 등으로 관광지가 안전하지 못하다고 생각하면 관광객들은 발길을 멈춥니다. 이런 문제들은 비록 일시적이라 할지라도 지역 경제에 큰 영향을 미칩니다. 예컨대 **국제노동기구**(ILO) 조사에 따르면, 2001년 미국 뉴욕과 워싱턴에서 9·11 테러가 일어난 뒤 전 세계적으로 관광산업 종사자 약 900만 명이 일자리를 잃었을 거라고 합니다. 항공 안전에 대한 우려로 항공여행객이 많이 감소했고, 해외여행 취소 건수도 수천 건에 달했기 때문입니다.

간추려 보기

· 대다수 개발도상국에서 관광 수입은 가장 주요한 수입원이지만 수입의 절반 이상이 외국으로 새어 나간다.
· 값싼 여행을 원하는 관광객이 많아질수록 관광산업에서 일하는 사람들은 낮은 임금, 열악한 근로 환경에 시달리며 노동력을 착취당한다.
· 관광산업에 대한 의존도가 커지면 관광객이 갑자기 줄었을 때 어려움을 겪는다.

관광은 지역사회에
어떤 영향을 미칠까요?

관광이 사회·문화적으로 어떤 영향을 끼치는지에 대한 논쟁은 뜨겁습니다. 일부 사람들은 관광을 통해 지역별 선입견을 없애고, 다른 국가와 문화를 더 잘 알 수 있다고 주장합니다. 지역 경제에 도움이 된다고도 말하지요. 한편 관광산업 비판자들은, 오히려 그 지역에 해를 끼칠 수 있다고 말합니다. 과연 어느 주장이 진실일까요?

관광이 사회·문화적으로 어떤 영향을 끼치는지에 대한 논쟁은 뜨겁습니다. 일부 사람들은 관광을 통해 지역별 선입견을 없애고, 다른 국가와 문화를 더 잘 알 수 있다고 주장합니다. 지역 경제에 도움이 된다고도 말하지요. 한편 관광산업 비판자들은, 관광객이 대개 관광지의 주민 생활과 지역 문화에 대해 배우지 못하고, 오히려 그 지역에 해를 끼칠 수 있다고 말합니다. 과연 어느 주장이 진실일까요?

다양한 문화

관광객은 관광지의 공예, 예술, 무용, 음악, 역사 등 다양한 문화를 보고 즐기려고 비용을 지불합니다. 전통문화는 무관심 속에 사라지기 쉬운 측면이 있습니다. 하지만 관광객이 있으면 현지 문화를 **보존**하는 데 도움이 되지요. 예를 들어 정부와 기업은 관광객이 비용을 들여 보러 올 가능성이 있을 때 고대 유적지나 기념물을 복원합니다. 또한 관광객이 현지 문화에 흥미를 느끼면 전통을 이어 가는 장인들은 자부심을 가지게 되고, 전통 예술과 공예품 제작이 활기를 되찾을 수 있습니

다. 그러면 장인들은 일자리를 찾아 도시로 나가기보다는 계속 고향에
남아 일을 할 수 있을 것입니다. 뉴질랜드의 마오리족이 고향을 떠나
지 않고 목각과 직물 등의 전통 공예를 이어 나가는 것이 그 예입니다.
관광객 또한, 다른 문화의 관습과 전통을 경험함으로써 한층 풍요로운
삶을 누릴 수 있게 되지요.

　하지만 관광객은 관광지에서 정형화된 전통문화를 꾸며서 내놓은 것
만 접하게 되는 경우가 많습니다. 아프리카의 어떤 부족들은 관광객이
올 때만 전통 의상을 입고 관광객이 떠나면 청바지와 티셔츠로 갈아입습
니다. 또 어떤 곳에서는 원래의 길고 복잡한 사원(temple) 춤을 짧게 간추
려서 호텔 로비에서 문화 공연으로 보여 주기도 합니다. 심지어 공연을

마사이족이 관광객을 위해 펼치는 공연은 진정성과 공감대가 결여된 것일까? 아니면 마사이족의 문화를 깊이
이해할 기회를 주는 것일까?

말레이시아 해안가에서 모슬렘 여성들이 몸 전체를 가린 채 걸어가고 있다.
이와 대조적으로, 맞은편에서는 관광객들이 수영복을 입고 걸어오고 있다.

하는 사람이 그 춤을 춰 온 부족민이 아닌 호텔 직원인 경우도 있습니다.
이러한 경우에 우리는 몇 가지 의문을 가지게 됩니다. 오늘날 관광 문화
는 현지의 중요한 전통문화를 잘못 소개해 선입견을 심어 주며 현지인들
을 관광상품으로 전락시키고 있는 것은 아닐까요? 실제로 이런 관광 문
화가 현지인과 관광객 모두에게 긍정적인 영향을 주고 있을까요?

문화 충돌

관광객과 그들이 여행하는 지역의 문화적 차이는 문화 충돌로 이어
질 수 있습니다. 이집트 같은 이슬람 국가에서 여성들은 대체로 신체 전

체를 가리는 옷을 입습니다. 그래서 관광객이 몸에 꼭 맞거나 노출이 심한 옷을 입는 경우 현지인의 반감을 살 수 있습니다. 관광객들 역시 이슬람의 이런 문화를 남녀 차별로 인식해 불편하게 생각할 수 있지요. 이 밖에도, 공공장소에서의 애정 행위가 예의에 어긋난다고 생각하거나 사진 촬영을 꺼리는 나라를 방문할 때도 문화 충돌이 일어날 수 있어요.

찬성 VS 반대

우리의 전통문화를 보려고 관광객들이 온다면 정말 자랑스러울 겁니다. 그리고 우리는 계속해서 전통을 이어 가려고 노력할 것이고요.

— 케일 에티오피아 오모 밸리의 해머 전사

다른 문화와 가치관을 지닌 외국인과 대화할 때 사람들은 자신의 삶의 방식에 큰 혼란을 느낄 수 있습니다. 특히 시골 사람들은 더더욱 그러기가 쉽겠지요.

— 아타나시오 무창가 모잠비크 마푸토 출신

관광객과 범죄

관광산업은 사치품이 없던 세계 여러 지역에 소비문화를 조장합니다. 비싼 보석으로 온몸을 치장하고 카메라 장비를 들고 다니는 관광객이 본의 아니게 소비문화를 전파하는 장본인이 되기도 합니다. 가령 인도 같은 나라에서 관광객이 하루에 쓰는 돈은 인도의 한 가정에서 일

년 동안 쓰는 식비와 의복비에 맞먹는다는 사실을 생각해 보면 그렇습니다. 이 때문에 관광지, 특히 많은 돈과 귀중품을 가진 관광객들이 있는 주요 휴양지에서는 강도 범죄가 극성을 부릴 수 있습니다. 브라질의 리우데자네이루를 찾는 관광객은 보통 해안가의 고급 호텔에서 묵습니다. 그런데 이들 호텔은 도로 몇 개를 사이에 두고 빈민가와 마주하고 있어요. 빈민가에서 범죄가 자주 일어나자 경찰은 관광객에게 빈민가에 절대로 가지 말라고 경고하고 있습니다.

하지만 관광과 관련한 범죄는 가난한 나라에서만 발생하는 것이 아닙니다. 영국 콘월 주에 있는 여러 휴양지에서도 여름 동안에는 사람들이 몰리면서 절도, 공공질서 위반 등 범죄가 급격하게 늘어납니다. 주로 젊은 여행자들이 범죄를 저지른다고 합니다.

경찰관이 이탈리아의 관광지 피사의 사탑 근처를 순찰하고 있다. 유명 관광지에서는 소매치기와 절도가 흔히 일어난다.

관광객은 자국에서는 불법이거나 비싸서 살 수 없는 약을 구하러 다른 나라로 가기도 하는데 이 때문에 문제가 발생합니다. 매년 벨기에, 독일, 프랑스에서 4,000명 정도가 네덜란드 마스트리흐트를 찾습니다. 합법적으로 대마초를 판매하는, 시내 중심의 커피숍에 가기 위해서입니다. 하지만 여기에서도 문제는 발생합니다. 일부 관광객들이 대마초 살 돈을 마련하려고 물건을 훔치거나, 마약상이 불법으로 더 위험한 마약을 판매하려고 하기 때문입니다.

성매매 관광

어떤 사람들은 성매매를 목적으로 다른 나라로 관광을 떠납니다. 특히 태국과 필리핀 등의 동남아시아 국가에서 성매매 관광의 규모가 점점 커지고 있습니다. 성을 착취하는 성매매 관광은 에이즈를 퍼뜨리고 있어서 더욱 위험합니다. 게다가 아동들까지 성매매 시장으로 끌어들이고 있습니다. **유니세프**(UNICEF)는 태국에서 성매매를 하는 아동의 수가 40만에 이를 것으로 추산하고 있습니다.

빈민가 관광, 푸어리즘(Poorism)

요즘 해외에서는 빈민가 관광(Slum Tour)이 인기를 얻고 있습니다. 다른 말로 가난(Poor)과 관광(Tourism)을 합성해 푸어리즘(Poorism)이라고 부르지요. 관광객은 가난한 이들의 생활을 직접 보고 공감을 느끼려고 빈민가를 관광합니다. 그리고 보통 자선을 베풀기 위해서 관광 비용을 지불합니다.

현지 주민과의 마찰

　관광객은 잘 알지 못해서, 또는 알면서도, 현지 문화에 어긋나는 행동을 한다. 예를 들어 필리핀 북부에 있는 전통적인 동굴 매장지는 관광객의 낙서로 훼손되었고, 유골이 도난당하기도 했다. 오스트레일리아의 울룰루에서도 문화적 갈등이 일어난다. 원주민들은 선조 때부터 이곳에서 살아오면서 울룰루를 신성하게 여겼다. 울룰루에는 바위 위로 올라가지 말 것을 당부하는 안내판이 붙어 있다. 관광객들이 울룰루 위로 올라가서 사고를 당할 수도 있고, 울룰루 위에 오른다는 것 자체가 눈에 보이지 않는 중요한 영혼의 선을 넘어서는 일이라고 원주민들은 생각하기 때문이다. 하지만 관광객들은 호주의 오지 풍경을 더 잘 보려고 종종 울룰루 바위 위로 오른다. 원주민들은 관광객들의 이런 행태에 깊은 슬픔을 느낀다.

에어즈록으로도 알려진 울룰루. 이 지역에 사는 여러 원시 부족들은 울룰루를 신성한 곳으로 여긴다. 부족들은 울룰루에서 부족 의식을 치르고 울룰루 동굴에 그림도 그린다.

남아프리카공화국의 소웨토 시에서 외국인 관광객이 가이드와 함께 걷고 있다. 요하네스버그의 남서쪽에 위치한 소웨토는 남아프리카공화국 최대의 도시로, 100년 전쯤 정부가 흑인 주거지로 설정했다.

　일례로 인도 뉴델리에서 한 자선단체는 관광객들을 빈민가 근처 기차역 주변으로 안내하고 함께 걷습니다. 이때 관광객이 가이드에게 지불하는 비용은 집 없는 아이들을 돕는 데 사용됩니다. 또한 브라질 리우데자네이루의 빈민가인 파벨라에서는 빈민가 주민들이 이러한 관광을 직접 운영하거나 빈민가 관광버스를 운전하기도 합니다.

　여행사는 빈민가를 관광함으로써 빈민에 대한 편견도 없앨 수 있다고 주장합니다. 가난한 사람들이 온종일 불결한 상태로 멍하니 앉아 있을 거라는 편견을 가진 사람들이 많기 때문입니다. 여행사는 오히려 빈민가 관광을 통해, 빈민가 사람들 대부분이 열심히 일하고 정직한 방법으로 생계를 꾸리려 애쓰고 있는 '현실'을 관광객에게 보여 줄 수 있다고 말합니다.

사례탐구 **인도 뭄바이의 다라비 빈민촌**

인도 뭄바이의 다라비 빈민촌은 100만 명이 거주하는 아시아 최대의 빈민촌이다. 다라비에는 좁은 골목과 뚜껑 없는 하수구 사이로 판잣집들이 줄지어 서 있다. 변변한 화장실도 없어 1,500명이 화장실 한 칸을 공동으로 사용한다.

빈민가 관광을 온 사람들은 시원하고 쾌적한 차를 타고 다라비를 방문해서는, 가이드와 3시간 동안 걸으며 마을을 구경한다. 이곳에는 낡은 컴퓨터, 펜, 플라스틱 병을 재활용하고, 옷에 자수를 놓거나 스팽글을 다는 작은 공장들이 약 1만 개가 모여 있다. 관광객은 이러한 공장을 둘러보며 사람들이 일하는 모습을 구경한다. 관광객은 사람들이 사는 판잣집도 들여다본다. 다라비 집들 대다수엔 전기가 들어오고, 작은 TV와 비디오기기까지 들여놓은 집도 있다. 몇몇 가족은 3대째 같은 집에서 살고 있다.

빈민가 관광을 기획한 여행사는 관광비의 80%가 빈민가 환경을 개선하는 데 쓰인다고 말한다. 또한 관람에 동의한 집으로만 관광객을 데려가는 것이므로 사생활을 침해하는 문제는 발생하지 않을 것이라 말한다.

빈민가 사파리

하지만 빈민가 관광에 대한 윤리적 논란이 일고 있습니다. 빈민가에 관광을 온 사람들은 대개 옷을 잘 차려입고 와서는 카메라를 들고 가난에 허덕이는 사람들을 구경합니다. 그래서 가난한 사람들을 사파리 동물처럼 취급한다는 비판의 목소리가 높습니다.

빈민가 관광이 빈민가 사람들의 사생활을 침범한다는 지적도 있습니다. 또한 비판가들은, 관광 가이드가 가난한 사람들의 고통을 이용해 돈을 벌고 있으며 여행사 역시 수익을 빈민가 사람들과 나누지 않는다고 말합니다. 게다가 빈민가 관광이, 관광객들에게 가난한 사람들을

▌인도 뭄바이의 다라비 빈민가에서 어린이가 음식을 찾으려고 쓰레기 더미를 뒤지고 있다.

이해할 기회를 주는 것이 아니라 오히려 오해를 키우고 있다고 주장합니다. 개발도상국의 모든 사람이 비참한 상태로 빈민가에 살고 있다는 오해 말입니다. 하지만 뉴욕과 런던 등 선진국의 도시에도 빈민가가 있고 가난한 사람들이 많이 살고 있지요.

쫓겨나는 주민들

호텔, 공항, 놀이공원, 골프장 등의 관광 편의 시설을 지으려면 어마어마한 규모의 토지가 필요합니다. 관광업자들은 특히, 자연경관이 빼어난 곳이나 해안가 리조트처럼 최적의 장소를 관광사업에 이용하려 하지요. 그래서 개발업자들은 이런 조건에 맞는 토지를 구입하기 위해서라면 비싼 값도 기꺼이 지불하려 합니다. 하지만 거주민에게 터무니없이 적은 보상을 해 주고 토지를 사들이거나, 주민들이 그 장소에 갖고 있던 오랜 유대감은 고려하지 않고 개발하는 경우가 있어 문제가 생깁니다.

하와이에서는 원주민들이 옛날부터 해안가를 묘지로 쓰거나 신성한 곳으로 여겼습니다. 따라서 해안가에 대형 리조트를 짓는 것을 두고 논쟁이 빈번했지요. 2008년 하와이 마우이 섬 해변에서는 호텔 공사 도중에 해골 900여 구가 발견되어 8,000만 달러(900억 원) 규모의 공사가 중단된 적도 있습니다.

어떤 나라에서는 관광산업을 위해 정부가 무장경찰과 군인을 동원해 주민들을 집에서 몰아내고 토지를 뺏다시피 하기도 합니다. **국제사면위원회**(Amnesty International)에 따르면 2007년 캄보디아 정부가 해안가에 살던 주민들을 얼마나 난폭하게 몰아냈던지, 그 과정에서 주민 2명이 죽었다고 합니다. 또한 스리랑카 정부는 2004년 인도양 쓰나미 사태 이후, 완충지대(buffer zone)를 만들어 안전을 위해 지역 주민들이 다시 해안가에 집을 짓지 못하도록 막았습니다. 대대로 해안가에서 물고기를 잡으며 살던 주민들은 삶의 터전을 떠나 다른 생계 수단을 찾느라 고군분투해야 했지요. 그런데 얼마 지나지 않아 곧 정부의 허가를 받고 큰 호텔들이 해안가에 줄지어 세워졌습니다. 이러한 건물은 쓰나미가 와도 견딜 수 있게 설계되어 안전하다는 이유였지요. 과연 스리랑카의 이 '완충지대' 규정은 지역 주민을 안전하게 보호하려는 것일까요? 아니면 더 많은 리조트를 세울 수 있게 하는 법일까요?

▌2004년 쓰나미가 인도양 일대를 덮친 뒤 스리랑카 해안가에는 더 많은 리조트가 세워졌다.

프랑스 남부에는 약 1,700만 명의 외국인이 몰려들면서 부동산 가격이 치솟았다. 집값을 부담할 수 없게 된 수많은 현지 주민들은 다른 곳으로 떠나야 했다. 한편, 이곳에서는 외국인들이 자국에서 즐겨 먹었을 음식을 팔며 돈을 버는 사람도 생겼다. 사진의 가판대에는 주로 영국인에게 판매하는 음식이 놓여 있다.

이사 가는 주민들

앞의 경우보다는 간접적이지만, 관광산업 때문에 현지 주민들이 이사를 갈 수밖에 없는 상황이 있습니다. 투자자가 관광 숙소를 지으려고 땅이나 건물을 사들이면서 해당 지역의 주택 가격이 치솟는 경우가 그렇지요. 영국의 엑스무어 국립공원 인근에 있는 집들의 약 40퍼센트는 다른 지역에 사는 부유한 사람들이 휴가를 보내려고 구입한 별장입니다. 외지인들의 주택 수요가 늘어 부동산 가격이 치솟자 집값을 감당할 수 없어 이사를 가는 주민들이 생겨났습니다. 주민들은 이 지역 부동산이 별장으로 사용되는 것을 제한해 달라고 정부에 촉구하고 있습니다.

휴가철에만 관광객이 몰려드는 휴양지에도, 별장이 너무 많이 생기면 지역 주민이 점차 줄어듭니다. 상주인구가 줄어들면서 학교나 병원 등 공공 서비스를 제공하는 곳이 문을 닫아 남은 주민들도 어쩔 수 없이 떠나가지요. 또 관광객을 상대하는 일을 제외한 다른 일자리들이 사라지면서 생계를 꾸리기 위해 다른 곳으로 이동하는 주민들도 있습니다.

알아두기

2006년, 캄보디아 정부는 프놈펜 해안 리조트 단지 근처에 살던 주민 7,000명 이상을 쫓아냈다. 대신 민간 기업에는 이곳에 새 아파트와 비즈니스 센터, 쇼핑몰을 짓도록 허가했다.

간추려 보기

- 관광객과 지역 주민이 만나면 서로를 이해할 수 있게 되고 서로에 대한 편견과 선입견을 없앨 수 있다. 반대로 서로에 대한 미움이 커질 수도 있고 자칫 지역 주민이 관광 상품으로 전락할 수도 있다.
- 관광산업이 발달하면 관련 범죄가 늘어날 수 있고, 현지 주민들이 집을 잃기도 한다.

관광산업은
환경에 어떤 영향을 줄까요?

관광객과 관광산업은 전 세계 환경에 위협이 되고 있습니다. 그러나 관광산업은 환경보호에 기여하며 환경오염을 줄이고 환경을 살릴 수 있는 힘 또한 가지고 있습니다.

아름다운 해안, 산, 숲, 야생동물과 같은 자연환경은 관광객을 불러 모읍니다. 하지만 관광객과 관광산업은 전 세계 환경에 위협이 되고 있습니다. 환경을 오염시키고, 야생동물 서식지를 파괴하며, 천연자원을 남용하고 있기 때문이지요. 그러나 관광산업은 환경보호에 기여하며 환경오염을 줄이고 환경을 살릴 수 있는 힘 또한 가지고 있습니다.

교통수단에서 발생하는 배기가스

관광객은 승용차나 버스, 항공기, 기차 등을 타고 목적지를 오고 갑니다. 관광객 한 명이 관광하면서 배출하는 총 에너지 소비량의 약 90퍼센트가 목적지에 갔다가 집으로 돌아오는 이동 과정에서 생긴다고 해요. 이때 발생하는 배기가스가 관광산업이 만드는 주요한 환경 문제 중 하나입니다. 대부분의 교통수단에서는 배기가스로 이산화탄소가 방출되는데, 이산화탄소는 연료 속에 있던 탄소가 엔진에서 연소한 후 공기 중의 산소와 결합하면서 생성됩니다. 이산화탄소는 지구 온난화를 일으킨다고 알려진, 대표적인 '온실가스'입니다. 온실가스는 대기권에 머무르며 지구에 들어오는 짧은 파장의 태양에너지를 통과시키는 반면, 지구로부터 나가려는 긴 파장의 적외복사에너지를 흡수합니다. 그런데 최근, 이산화탄소가 늘어나면서 더 많은 열에너지가 대기권에 갇혀 지구 평균기온이 점차 올라가고 있습니다. 지구 기온이 상승하면 날씨에 영향을 미쳐 세계적으로 기후 변화가 일어나지요.

항공교통 관제 시스템을 효율적으로 사용하면 항공기가 착륙 전에 상공에서 배회하는 시간이 줄어들어 배기가스양을 줄일 수 있다.

유명한 관광지가 있는 도시는 차량이 증가하면서 교통 체증이나 대기오염과 같은 문제를 겪습니다. 이에 정부 당국은 대중교통의 요금을 내리거나 기술 및 환경을 개선함으로써 대중교통 이용을 장려하고, 전기버스를 운행하는 등 배기가스를 줄일 방법을 찾고 있습니다. 프랑스 파리의 경우, 관광객이나 파리 시민이 이동할 때 자전거를 이용할 수 있도록 벨리브(Velib) 제도를 시행하고 있습니다. 벨리브 제도는 필요한 곳에서 자전거를 빌려 목적지에서 반납하는 무인(無人) 자전거 대여 서비스를 말해요. 현재 파리 시내 전역에 마련된 수천 개의 대여소에는 값싸게 빌릴 수 있는 자전거 2만여 대가 있습니다.

항공 여행

자동차가 전체 배기가스 배출량의 50퍼센트 이상을 뿜어낸다고 해도, 항공기가 환경에 더 큰 피해를 줍니다. 항공기가 뿜어내는 배기가스 배출량은 전체의 13퍼센트에 불과하지만 다른 운송 수단보다 4배나 더 심각한 피해를 주고 있어요. 높은 고도에서 배출된 배기가스가 낮은 고도에서 배출된 가스보다 환경에 심각한 영향을 미치기 때문입니다.

항공사들은 지난 20년간 항공기의 효율성이 개선되었기 때문에 항공기 한 대당 에너지 소비량이 전보다 절반으로 줄었다고 말합니다. 하지만 항공기를 타는 관광객의 증가로 항공기 전체의 에너지 소비량은 오히려 50퍼센트 정도 증가한 상태라고 볼 수 있습니다.

교통수단 규제 방법

환경 운동가들은 다른 교통수단에 연료비 세금을 부과하듯이 항공기 연료비에도 세금을 부과해야 한다고 주장합니다. 이들은 항공기 연료비가 상승해서 항공료가 올라가면 사람들이 항공기를 덜 이용할 것으로 생각합니다. 항공기 이용량이 줄어들면 배기가스 배출량을 줄일 수 있을 뿐만 아니라, 연료 사용량이 줄어드니 현재 빠르게 고갈되고 있는 화석연료도 아낄 수 있어요.

실제로 다른 운송 수단과 달리 국제선 항공기 연료비에는 세금이 부과되지 않습니다. 1944년 항공 산업의 발전을 위해 국제 민간항공협약을 맺었기 때문입니다. 따라서 항공사는 연료비 세금이 포함되지 않은 저렴한 항공기 표를 판매할 수 있는 것이지요. 세금이 부과되면 항공료가 올라가고 휴가 비용도 많이 듭니다. 이는 항공사와 많은 여행객에게 달갑지 않은 소식일 것입니다. 또한 몰디브처럼 비행기로만 갈 수 있는 관광지는 경제적 타격을 받을 수 있습니다.

관광과 쓰레기

국내외 여행자 가운데 절반이 휴가지로 해안가를 선택합니다. 해안가에 사람이 북적이게 되면서 관광객이 버리고 간 쓰레기도 늘어나지요. 이런 쓰레기가 바닷속으로 휩쓸려 들어가게 되면 야생동물과 사람

열대지방의 무인도도 오염에서 벗어날 수 없다. 매년 약 70억 톤의 쓰레기가 바다에 버려져 해류를 타고 황금빛 해안에까지 밀려오기 때문이다.

이 피해를 봅니다. 연간 조류 100만 마리와 해양 포유류 10만 마리가 비닐 쓰레기를 먹거나 비닐에 몸이 감겨 죽고 있습니다. 또 해파리를 주식으로 삼는 바다거북은 바다를 떠다니는 비닐봉지를 해파리로 착각하고 먹습니다. 이렇게 큰 피해를 주는 비닐류는 바다에 떠다니는 쓰레기의 90퍼센트를 차지한다고 합니다. 해양 오염 문제는 해류 때문에 더욱 심각해집니다. 쓰레기가 해류를 타고 수천 킬로미터를 떠다니면서 세계 곳곳을 오염시키기 때문입니다.

오수 처리

관광객과 호텔이 늘어나면서 바다로 유입되는 **오수** 및 오물도 늘어났습니다. 기존 정화 시설로는 증가하는 하수량을 감당할 수 없거나, 호텔 등의 관광 편의 시설을 싼값에 너무 빨리 짓는 바람에 제대로 된 위생 설비를 갖추지 못했기 때문입니다. 바다로 유입되는 오수에는 화학물질, 박테리아 그리고 오수 처리 과정에서 흘러나온 약품 성분이 들어 있습니다. 이러한 성분은 관광지 인근 바다와 강에 사는 동·식물을 병들게 합니다. 또한 오염 물질이 상수도로 흘러들면 사람에게 간염과 같은 질병이나 전염병을 일으킬 수 있지요.

쓰레기는 해안 리조트에서만 나오는 것이 아닙니다. 승객과 승무원 등 5천 명 이상을 태우고 다니는 크루즈선은 식용유와 오수 및 **폐수** 등을 바다에 버립니다. 이에 2008년 7월 미국은 '깨끗한 크루즈선 법(Clean Cruise Ship Act)'을 도입해, 미국 해안의 18킬로미터 이내에서는 크루즈선이 오수 및 폐수를 버리지 못하도록 했습니다.

보트와 제트스키는 관광지의 대기와 수질을 오염시킬 뿐만 아니라 소음 공해를 일으켜 관광지 주민과 동·식물에게 스트레스를 준다.

알아두기

배에서 버려지는 쓰레기 가운데 77%는 크루즈선에서 나온 것이다. 카리브 해를 다니는 크루즈선만 해도 한 해 7만 톤에 달하는 오수를 바다에 버리는 것으로 추정된다.

북유럽의 내해인 발트 해는 세계에서 가장 오염된 바닷가 중 한 곳이다. 매년 크루즈선 250~300대 가량이 발트 해를 다니면서 오수를 버리고 있기 때문이다. 크루즈선에서 배출하는 오수에는 질산염이 113톤, 인산염이 38톤가량 들어 있는데, 이러한 독소 물질은 바다에서 수영하는 사람이나 해양 생물에 큰 해를 끼칠 수 있다. 또한 이러한 화학물질로 바다에 영양분이 너무 많이 공급되면 조류가 급격히 증식한다. 그러면 해양 박테리아가 늘어난 조류를 분해하느라 산소를 많이 써서, 바닷속에는 산소가 희박해지고 결국 어떤 동물도 살 수 없는 죽음의 바다가 되고 만다. 그래서 세계 야생동물기금(WWF)은 크루즈선이 책임지고 쓰레기를 항구로 가져가서 폐기해야 한다고 주장한다.

야생동물 서식지 파괴

관광산업은 많은 경제적 이익을 거둘 수 있는 산업이기 때문에 여러 국가에서는 호텔이나 골프장과 같은 관광 시설을 짓기 위해 주저 없이 나무를 베고 토지를 정비합니다. 이러한 개발 활동은 지역 경제에 도움이 될 수 있습니다. 지역 주민에게 일자리를 제공하고 그 지역의 기반 시설을 확충하기 때문입니다. 예를 들어 관광지와 공항을 연결하는 새 도로가 생기면 그 지역 주민들도 편리하게 이용할 수 있어요. 하지만 이러한 관광지 개발은 자연환경에 끔찍한 피해를 줄 수 있습니다.

오스트리아와 스위스에 걸쳐 있는 알프스 산맥에서 축구장 13개 정도의 면적에 해당하는 100제곱킬로미터(km²)의 숲이 사라졌습니다. 스키 리조트에 필요한 슬로프, 케이블카, 도로, 터널 등을 만들기 위해서입니다. 야생동물이 쉬고, 번식하고, 먹잇감을 사냥하는 데 필요한 서식지는 고려하지 않은 채 말이죠. 이러한 삼림의 **벌채**, 즉 숲을 깎는 행위는 결국 사람에게도 위험한 일입니다. 나무뿌리는 땅을 단단히 지탱해 주기 때문에 산비탈을 따라 흐르는 빗물의 속도를 늦춰 줍니다. 동시에 많은 물이 땅으로 흡수되면서 지하수가 채워지지요. 하지만 벌채로 산비탈이 깎여 나가면 빗물이 지면을 빠르게 흘러내려 홍수가 나게 됩니다. 또 젖은 흙과 암석이 굴러 떨어지면서 산사태가 일어날 수도 있어요. 바닷가에서도 유사한 현상이 일어납니다. 호텔을 짓느라 바닷가의 나무들을 베는데, 그렇게 되면 바닷가의 모래가 바람과 파도에 그대로 노출되어 **침식**

스키장 건설로 광대한 면적의 숲이 깎여 나가고 있다. 이 자리에는 스키리프트, 슬로프, 도로, 주차장, 숙박 시설을 비롯해 인공 눈을 만들기 위한 댐까지 들어설 것이다.

현상이 생기지요.

사람들이 보행하는 과정에서도 침식 현상이 일어납니다. 많은 사람이 오랜 시간에 걸쳐 해안가나 산길을 걸을 때, 또 사람들이 산악 자전거나 말을 타고 달릴 때, 풀이 상하고 토양은 흩어집니다. 결국 지표면이 매끈해져, 비가 오면 빗물이 지표면을 따라 빠르게 흘러가고 토양은 더 쉽게 씻겨 내려가지요.

산호초

관광산업은 산호초에도 큰 위협이 되고 있습니다. 열대우림 다음으로 다양한 동·식물의 서식지라고 볼 수 있는 산호초는 산호충이 수백만 개가 모여 만들어진 것입니다. 작은 동물인 산호충은 산호의 뼈대를 형성하고, 죽은 뒤에도 산호의 구조를 단단하게 유지해 줍니다. 그런데 일부 다이버들은 산호를 부러뜨려 기념품으로 가져갑니다. 다이버를 이송하는 배들도 닻을 내리면서 산호를 파괴하는 경우가 많습니다. 홍해에 있는 산호초가 받은 피해의 3분의 2는 관광산업 때문에 발생했을 정도로 피해가 심각합니다.

산호초를 보호하려고 국립공원으로 지정되는 곳도 있습니다. 카리브 해의 토바고 케이 섬이 그 예입니다. 국립공원으로 지정되면 관광객이 할 수 있는 일이 크게 제한됩니다. 근처에서 낚시를 할 수도 없고, 작은 배나 제트스키의 닻을 내리는 것도 금지됩니다.

사례탐구 북극과 남극 관광

　북극과 남극은 지구 온난화와 관광산업으로 이중고를 겪고 있다. 지구 온난화 때문에 북극과 남극의 만년설이 녹고 있는데, 만년설이 너무 많이 녹기 전에 이곳을 보려는 관광객이 늘어났기 때문이다. 세계관광기구는 매년 백만 명이 넘는 관광객이 알래스카를 비롯한 북극을 찾는다고 발표했다. 이렇게 많은 관광객들이 북극과 남극을 관광할 수 있는 것은 만년설이 녹으면서 새로운 해상 통로가 열렸기 때문이다. 하지만 만년설을 녹이고 환경을 파괴할 잠재적 위험 요소들 또한 많아졌다. 관광객을 실은 크루즈선은 쓰레기를 배출하고, 수많은 관광객들이 만년설 위로 다니면서 만년설은 더 빨리 녹게 되었다. 관광객이 데려오는 외래 동·식물도 북극과 남극의 생태계를 교란하여 해를 끼칠 수 있다.

남극 바다를 항해할 수 있는 크루즈선의 크기와 남극에 내릴 수 있는 사람의 수를 제안하는 권고안이 있지만, 법적인 강제성이 있는 것은 아니다. 이러한 권고안을 무시하는 대규모 크루즈 회사들은 야생동물의 서식지를 파괴하고 공해를 일으키는 등 남극 환경에 큰 위협이 되고 있다.

관광산업이 자연환경에 미치는 긍정적 영향

관광산업이 자연환경을 보호하는 데 도움이 될 수도 있습니다. 또한 야생동물을 사냥해 생계를 유지했던 사람들에게 일자리를 제공하기도 합니다. 가령, 고래 관광을 상품으로 내놓은 여행사는 고래 사냥으로 생계를 꾸려 나가던 고래 사냥꾼이나 고래 전문가를 고용할 수 있습니다. 특히 가난한 나라는 자연을 보호하는 데 드는 비용을 스스로 조달할 수 없어서 관광 수입이 없다면 국립공원도 유지되기 어려운 거예요.

관광산업은 또한 사냥을 막는 데 일조합니다. 관광이 발달하면, 죽은 동물보다는 살아 있는 동물의 가치가 더 높아지니까요. 2003년 스코틀랜드에서 실시한 연구에 따르면, 스코틀랜드 서부의 어촌 마을에서 고래 관광으로 얻는 수입이 비슷한 규모의 노르웨이 어촌에서 고래 사냥으로 벌어들이는 수입보다 세 배 가까이 높은 것으로 나타났습니다.

야생동물을 관찰하는 여행

관광산업이 다양한 야생동물의 종을 보호하는 데 도움이 되기도 하지만 반대로 야생동물의 삶을 위협하기도 합니다. 예를 들어 야생동물은 관광객이 너무 가까이 다가오면 스트레스를 받아서 본능적인 습성을 바꿀 수가 있습니다. 주로 낮에 사냥하는 치타는 새끼를 보호하기 위해 특히 사람을 경계합니다. 탄자니아 세렝게티 국립공원은 관광객이 치타의 사냥 습성을 방해한다는 연구 결과를 발표했습니다. 치타가 관광객이 타고 있는 차량 소음에 겁을 먹기 때문이지요. 일례로 15대의 차량이 치타 무리에 다가갔을 때 새끼 치타들이 어미 치타에게서 떨어져 나온 적이 있다고 합니다. 이후 그 새끼 치타들을 다시 볼 수 없었는데, 아마도 사자나 하이에나가 새끼들을 죽였을 것으로 보입니다.

백상아리를 관찰하는 관광도 있습니다. 관광객은 백상아리를 가까이 보기 위해서 잠수복을 입고 철장 케이지 안에 들어갑니다. 피와 생선이 뒤범벅된 미끼와 함께 이 케이지를 바닷속에 넣으면 백상아리가 미끼에 이끌려 케이지로 다가옵니다. 이러한 상어 관광에는 많은 논란이 일고 있습니다. 상어 관광을 찬성하는 사람들은 스릴을 즐기는 사람들에게 이 관광은 환상적인 경험이 될 것이라고 말합니다. 또한 상어 관광으로 얻는 수입을 상어 연구에 투자할 수 있고, 사람들이 상어를 두려워하기보다는 소중히 여길 것이라고 주장합니다. 하지만 상어 관광을 반대하는 사람들은 상어에게 미끼를 주는 이런 행동이 상어를 해안가로 유인해서 어부들이 본의 아니게 상어를 죽일 수도 있다고 말합니다. 또 바다에서 수영하는 사람들을 상어로부터 보호하기 위해 친 그물에 상어가 해를 입을 수도 있다고 지적합니다.

야생동물로 만든 기념품

관광산업으로 인한 또 다른 문제는, 관광객이 멸종 위기에 처한 동식물로 만들어진 기념품을 사 오면서 동·식물의 멸종 가능성을 더욱 높인다는 데 있습니다. 코끼리 상아로 만든 공예품과 보석, 거북과 자라 등껍질 액세서리, 티베트 영양의 털로 만든 스카프, 악어가죽 핸드백과 벨트와 지갑 등이 기념품으로 팔립니다.

어떤 관광객은 해마, 호랑이, 거북과 같은 동물로 만든 중국산 약도 사 옵니다. 세계야생동물기금협회는 관광객들에게 이런 기념품을 사기 전에 그 기념품의 재료를 확인하고, 의심스러운 물건이 있다면 신고할 것을 촉구하고 있습니다.

알아두기

2006년에 영국에서 200점 이상의 코끼리 상아 제품을, 중국에서 800kg의 상아를 압수했다. 두 나라에서 압수한 상아만 보더라도 멸종 위기에 처한 코끼리 80마리가 죽었다는 사실을 알 수 있다.

관광산업에 이용되는 동물

관광하기 위해 동물을 이용하는 사안에 대해서도 논란이 분분합니다. 예를 들어 인도에서는 코끼리를 타고 사파리를 관광하지요. 코끼리를 교통수단으로 이용하는 데 찬성하는 사람들은, 코끼리 주인이 생업 수단이기도 한 코끼리와 끈끈한 관계를 유지하기 때문에 대체로 코끼

사례탐구 브윈디의 고릴라

우간다 남서쪽에 있는 브윈디 천연국립공원은 성공적인 관광산업의 예로 손꼽히고 있다. 관광산업이 산악 고릴라의 개체 수 보존에 긍정적인 영향을 주었기 때문이다. 산악 고릴라는 우간다의 주요 관광자원으로 매년 500만 달러(약 60억 원)에 달하는 관광 수입을 벌어들이고 있다. 고릴라의 가치가 점점 높아지면서 우간다는 관광 수입을 고릴라에 다시 투자하고 있다. 자연보호단체와 지역사회가 힘을 모아 고릴라의 서식지를 보호하고 고릴라의 먹이가 될 수 있는 야생동물 사냥을 막기 위해 노력하고 있다.

하지만 여전히 문제점이 있다. 고릴라가 사람들과 친숙해지고 사람을 두려워하지 않게 되면서 밀렵꾼들에게 쉽게 사냥을 당하기도 한다. 그래도 관광산업과의 연계를 통한 산악 고릴라 보호 노력은 분명히 가치가 있다. 전 세계 야생에 사는 산악 고릴라 수가 총 800마리가 채 되지 않아 멸종 위기에 처해 있기 때문이다.

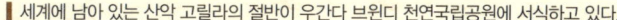

▌세계에 남아 있는 산악 고릴라의 절반이 우간다 브윈디 천연국립공원에 서식하고 있다.

리를 잘 돌본다고 주장합니다. 또 차를 이용하는 것보다 코끼리를 타는 것이 더 많은 장점이 있다고 말합니다. 차가 다니지 못하는 정글 숲을 쉽게 오고 갈 수 있기 때문이지요. 하지만 투우나 동물 서커스 등 관광객을 위한 공연에 동물을 이용하는 데는 반대하는 사람들이 많습니다.

물 소비 증가

우리가 매일 사용하는 담수는 가장 중요한 천연자원입니다. 그런데 호텔 목욕 시설, 온천, 수영장 등 각종 관광 시설에 쓰이는 물 때문에 해당 지역에서는 심각한 물 부족 현상이 벌어질 수 있습니다. 일반적으로 호텔에 묵는 투숙객은 현지 주민보다 물을 30퍼센트 이상 더 사용합니다. 이는 특히 담수 공급이 제한된 작은 섬들에서 큰 문제가 되고 있습니다. 유난히 무더웠던 2007년 여름에는, 물 사용량이 급증하자 그리스의 섬들은 물 사용량을 제한했고 배를 이용해 내륙에서 담수를 가져왔습니다.

또한 해안가 근처 지하수에서 너무 많은 담수를 끌어다 쓰면 바닷물이 담수와 섞이는 문제가 발생합니다. 이렇게 되면 물에 염분이 많아져서 식수로는 사용할 수 없어요. 또 물의 염분 때문에 땅의 영양분이 곡식에 전달되지 않아 농업용수로도 사용할 수 없게 되지요.

골프장을 둘러싼 논쟁

골프는 스포츠 관광산업에서 중요한 역할을 합니다. 골프 관광객은 보통 한 장소에 오래 머물고, 씀씀이가 커서 지역 경제에 도움이 됩니

사례탐구 인공 눈을 만드는 제설기

　겨울, 특히 크리스마스와 방학 기간은 유럽 스키 리조트에 있어 성수기다. 스키 리조트 관광산업에 종사하는 이들은 스키 타기 좋은 여건이 되도록 겨울에 눈이 많이 오기를 바란다. 하지만 최근 몇 년간 기온이 높아 눈이 많이 내리지 않았다. 이 때문에 유럽 스키장의 98%는 제설기로 인공 눈을 만들어 슬로프에 뿌리고 있다.

　제설기로 인공 눈을 만드는 데는 막대한 물과 전기가 사용된다. 유럽 스키장에서 겨우내 필요한 인공 눈을 만드는 데 약 9,500만㎥의 물을 사용하는데 이는 150만 명이 거주하는 도시의 시민이 일 년 동안 사용하는 물 소비량과 맞먹는 수준이다. 또한 산 위에 설치한 제설기까지 물을 끌어올리고, 인공 눈을 만들면서 엄청난 전기가 사용된다.

　환경 단체인 '행동하는 생태주의자들(Ecologists in Action)'은 제설기 사용이 환경에 독이 된다고 주장한다. 눈이 부족해서 제설기를 사용하면 그 과정에서 이산화탄소 배출량이 늘어나고, 이러한 온실가스의 증가로 인해 지구 온난화의 속도가 빨라진다. 그래서 기온이 오르면 눈은 더욱 적게 내리고, 그러면 또다시 제설기를 사용하게 되는 악순환이 벌어진다는 것이다.

　지난 10년간 제설기의 사용은 두 배로 늘었다. 제설기를 사용하면서 스키장 부근의 담수 양도 줄어들었다. 일부 알프스 마을은 이전에는 식수를 산의 계곡에서 해결할 수 있었지만, 현재는 지하수를 끌어올려서 사용해야 한다. 이처럼 제설기가 환경에 좋지 않은 영향을 주기 때문에 제설기 사용을 반대하는 사람들은 스키나 스노보드를 대체할 수 있는 관광 상품을 개발해야 한다고 말한다.

▌일부 나라에서는 지하수나 담수로 골프장에 물 대는 것을 법으로 금하고 있다.

다. 게다가 골프는 계절의 영향을 받지 않고 일 년 내내 할 수 있는 운동으로 많은 경제적 수입을 가져다주지요. 하지만 골프장에서 담수를 헤프게 사용하고 있다는 지적도 있습니다. 특히 스페인 남부나 중동처럼 날씨가 건조한 지역에 세워진 골프장은 더욱 그렇습니다. 대부분의 골프장은 잔디를 푸르게 유지하기 위해 계속 잔디밭에 물을 뿌려 주는 시설을 이용해요. 18홀로 구성된 골프 코스를 지닌 골프장 하나에서 연간 사용하는 물의 양만 해도 시민 약 1만 명이 1년 동안 쓰는 물의 양과 비슷합니다. 하지만 호수나 강 혹은 지하수에서 물을 끌어오지 않는 골프장도 있습니다. 스페인의 마조르카 섬에 있는 골프장에서는 호텔이나 리조트에서 사용된 물을 정화한 후 끌어다 쓰고 있어요.

알아두기

하루 950만㎥의 물이 전 세계 골프장을 유지하기 위해 사용되고 있다. 이는 세계 인구의 절반이 하루 동안 필요한 물의 양과 맞먹는다.

간추려 보기

- 관광객은 자연환경과 야생 동·식물을 보러 관광지를 찾지만 너무 많은 관광객이 찾아오면 관광지의 유산이 파괴될 수 있다.
- 관광산업은 수질 오염, 공기 오염, 소음 공해를 발생시킨다.
- 관광객이 야생 동·식물에 해를 끼칠 수 있다.
- 관광객이 늘어나면서 관광지의 물, 에너지 등의 천연자원 소비가 증가하고 있다.

5
CHAPTER

지속가능한 관광이란 무엇 일까요?

지속가능한 관광은 관광산업에서 빠르게 성장하는 분야 중 하나로 매년 약 30퍼센트씩
증가하고 있습니다.

지속가능한 관광은 관광산업에서 빠르게 성장하는 분야 중 하나로 매년 약 30퍼센트씩 증가하고 있습니다. 지속가능한 관광도 다른 관광처럼 수익 사업이지만, 환경과 천연자원에 대한 인간의 영향을 최소화하는 것을 목적으로 합니다. 관광지의 사회·경제와 환경이 지속가능할 수 있는 방식을 도입해 경제를 활성화하고, 사회 문화를 보존하며, 환경 개선을 실현하려는 것이지요.

지속가능한 관광의 종류

지속가능한 관광은 **대안 관광**, **생태 관광**, 혹은 **책임 관광** 등 관광산업의 문제를 극복하기 위한 관광을 통칭하는 말입니다. **녹색 관광**, 지역 기반 관광, 착한 여행 등 목적과 관점에 따라 다양한 형태로 전개되고 있습니다. 한국에서는 지속가능한 관광이 특히 '**공정여행**'이라는 단어로 인식되고 있지요.

지속가능한 관광의 범위는 매우 광범위합니다. 도보 여행, 들새 관찰하기, 멸종 위기에 있는 동·식물의 흔적을 찾아다니기, 가난한 마을에

학교 짓기 등의 활동도 포함됩니다. 민박을 이용하는 관광도 지속가능한 관광에 해당합니다. 민박은 호텔, 여관 등 전문 숙박업소에서 묵지 않고 일반 가정집에서 묵는 것을 말해요. 민박은 현지 주민이 관광으로 직접 수입을 올릴 수 있는 이상적인 방법이에요.

환경을 생각해서 지은 **생태** 리조트를 이용하여 여행하는 것도 지속가능한 관광에 속합니다. 생태 리조트는 재활용품을 사용하고, 물을 아껴 사용하며, 태양열이나 풍력과 같은 지속가능한 형태의 에너지를 사용하지요. 하지만 이러한 지속가능한 관광의 규모가 점점 커지면서 관

카리브 해 사바 섬의 생태 리조트 오두막집은 태양열을 이용한다. 사진 앞쪽에 태양 전지판이 보인다.

광 비용이 계속 줄어들고 있습니다. 이는 관광객에게는 좋지만 현지 주민에게 돌아갈 수익이 줄어들어, 결국 지역 발전에는 크게 도움이 되지 않을 수 있어요. 게다가 싼 비용 덕분에 전체 관광객 수가 늘어나면 오히려 환경을 해칠 수 있지요.

위장환경주의(그린워싱)

지속가능한 관광의 문제점 중 하나는 규제를 받지 않다는 사실입니다. 어떤 여행사들은 환경친화적인 녹색 관광 상품을 제공한다고 주장하지만 실제로는 환경에 해를 끼치고 있는 경우도 많아요. 이런 경우를 일반적으로 그린워싱(Greenwashing), 즉 위장환경주의라고 부르지요. 불가리아에

지속가능한 관광의 목적은 자연환경을 손상하지 않고 보호하는 것이다. 열대우림의 나무 꼭대기에 지어진 사진 속 캐노피 산책로는 관광객이 야생 동·식물을 방해하지 않으면서 숲을 둘러볼 수 있게 해 준다.

새로 건설된 블랙씨 가든 리조트는 '손상되지 않은 자연 그대로의 참나무 숲, 목초지와 강이 구불구불 펼쳐진 풍광 속에 자리 잡은 자동차 없는 언덕마을'이라고 홍보했습니다. 하지만 리조트 건설을 반대하는 시위자들은 리조트 건설이 오히려 숲을 해치고 강의 흐름과 동물 서식지에 악영향을 끼친다고 주장합니다.

일부에서는 친환경적인 생태 관광임을 확실하게 표시할 수 있는 인증서를 만들기도 합니다. 오스트레일리아의 생태 관광 단체와 남아프리카공화국의 관광공정무역협회(FTTSA)는 지속가능한 관광에 대한 인증 표시를 하고 있습니다. 이것은 환경친화적 조건에서 생산된 제품에 **공정무역** 인증을 붙이는 것과 비슷합니다. 여기서 말하는 환경친화적 조건이란 근로자에게 정당한 임금을 지급하고, 지역사회가 발전할 수 있도록 지원하는 것을 뜻합니다. 특히 남아공의 관광공정무역협회는 관광객이 공정무역 농장에서 휴가를 보내며 자신들이 먹는 식품이 어떻게 생산되는지 둘러보는 관광 상품도 제공하고 있습니다.

사례탐구 코스타리카의 생태 관광

중앙아메리카에 있는 코스타리카는 무성한 열대우림을 보존하려고 정책상 생태 관광을 장려하고 있다. 생태 관광은 코스타리카에서 두 번째로 주요한 산업으로 연간 10억 달러(약 1조 원)를 벌어들인다. 하지만 너무 많은 생태 관광업체가 생기면서 오히려 열대우림에 좋지 않은 변화가 일어나고 있다. 예를 들어 마누엘 안토니오 국립공원에 서식하는 야생 원숭이는 스스로 먹이를 찾으러 다니지 않고 관광객이 버리고 간 음식 쓰레기만을 먹는다. 코스타리카가 관광지로 유명세를 타면서 대형 여행업체들이 몰려드는 것도 문제다. 지금까지는 관광객의 80%가 주로 소규모 호텔을 이용했다. 하지만 새로 건설된 파파가요 리조트에는 객실이 무려 6천 개가 넘는다. 이제 코스타리카는 자연보호와 관광산업의 균형을 지켜야 하는 상황에 직면해 있다.

낙타를 타고 여행하는 것은 지프차를 탈 때보다 대기를 덜 오염시킨다. 그러나 정작 이 사막에 오기 위해 관광객들이 이용했던 교통수단은 무엇이었을까?

녹색 관광

관광산업에서 배출되는 탄소량이 늘어남에 따라 지구 온난화 속도가 빨라지고 있습니다. 하지만 관광을 하면서도 탄소 배출량을 줄일 방법은 여러 가지가 있어요. 한 가지 방법은 휴가를 해외가 아닌 국내에서 보내는 것입니다. 또한 탄소 배출량이 많은 항공기보다는 선박이나 기차를 이용하는 것입니다. 예를 들어, 영국 런던에서 프랑스 파리로 여행할 때 유로스타 기차를 타고 가면 비행기로 갈 때보다 1인당 탄소 배출량이 90퍼센트나 줄어듭니다. 하지만 일부 여행지는 항공기로만 갈 수 있기 때문에 영국에서는 '녹색세금'을 내면서 환경보호를 실천하는 사람들도 있습니다. 녹색세금은 여행하는 과정에서 자동차, 항공기 등이 배출하는 이산화탄소의 양만큼 나무를 심는 데 쓰이거나 지역사회 살리기 운동 기금으로 쓰입니다.

관광지에 도착해서도 지속가능한 방법으로 여행할 수 있습니다. 1970년대부터 사하라 사막에는 지프차로 여행하는 사람들이 많아졌습니다. 이 때문에 사막에는 모래 폭풍이 10배가량 증가했어요. 하지만 최근의 베두인 생태관광에서는 지프차 대신 낙타를 이용합니다. 베두인 족과 함께 낙타를 타고 사막을 둘러보면서 탄소 배출량도 줄이고 모래 폭풍도 감소시킬 수 있습니다.

지역사회 발전

지속가능한 관광을 추구하는 회사들은 지역사회와 협력 관계를 맺습니다. 이들은 지역사회 발전을 위해 기금을 조성하거나, 교육시설에 필요한 물품을 제공하고, 우물을 파서 물탱크를 설치하지요. 케냐의 키지오 와일드라이프 공원을 운영하는 회사는 아프리카 자연보호 기구인 터스크 트러스트(Tusk Trust)와 협력 관계를 맺고 지역 주민이 코끼리를 보호해야 한다는 인식을 할 수 있게 노력하고 있어요. 또 일부 회사에서는 현지 야생 동·식물과 문화에 정통한 케냐인들을 가이드로 고용해 일자리를 주고 있지요. 지속가능한 관광을 지지하는 사람들은 이러한 관광이 지역사회를 발전시킬 뿐만 아니라 관광자원이 될 수 있는 환경을 보호하게 한다고 말합니다.

지역사회 개발은 어떻게 이뤄져야 할까요?

어떤 사람들은 지속가능한 관광에 대해 의구심을 갖기도 합니다. 지속가능한 관광은 관광지 개발을 최소한으로 제한하기 때문에 사실상 지역 경제를 빠르게 발전시킬 가능성이 없기 때문입니다. 남부 해안가에 관광 리조트를 개발하면서 관광 수익이 크게 증가한 프랑스처럼, 부유한 국가들에서는 관광산업으로 경제적 혜택을 많이 보았는데 말이

중국의 바이마족은 조상 대대로 살아온 땅에서 자이언트 판다와 함께 살아간다. 바이마족은 벌목 대신 생태 관광으로 생계에 필요한 돈을 벌고 있다. 이곳을 찾는 관광객들은 대부분 바이마족의 집에서 숙박하며 자이언트 판다가 사는 숲으로 관광을 간다.

지요. 그래서 지역 주민이 원하는 개발의 정도와 생태 관광객이 원하는 개발 사이에는 의견의 차이가 있기도 합니다. 현지 주민은 새로운 도로와 휴대전화 기지국, 대형 슈퍼마켓 등 많은 편의 시설이 들어서기를 바라는 반면, 지속가능한 관광을 추구하는 회사들은 이러한 개발을 제한하려고 하기 때문입니다. 그런데 과연 현지 주민도 아닌 우리에게, 어떤 곳이 얼마만큼 개발되어야 한다 또는 개발하지 말아야 한다고 주장할 권한이 있을까요?

사례탐구 중국과 인도를 연결하는 도로의 건설

네팔의 안나푸르나 보호구역 인근에 인도와 중국의 국경을 잇는 도로를 건설하는 문제에 대해 뜨거운 논쟁이 벌어지고 있다. 관광지 개발이 논쟁거리가 되는 대표적인 예다. 문제의 이 도로는 네팔의 주요 트레킹로와 연결된다. 환경친화적 숙박 시설의 주인들은 도로 건설을 반대하고 있다. 이들은 도로가 건설되면 차량이 늘어나게 될 것이고, 차량이 늘어나면 환경에 좋지 않은 영향을 끼쳐 결국에는 관광객이 줄어들 것이라고 주장한다. 하지만 현지 네팔 주민들은 도로 건설을 원한다. 현재 이곳 주민들은 도로가 없어 걸어서 이동하거나 노새를 타고 다니기 때문이다. 도로가 생기면 주민들은 차를 타고 병원이나 학교, 시장에 쉽고 빠르게 갈 수 있을 것이다.

관광산업에 대한 규제

　환경의 지속가능성을 지키기 위한 방법 중 하나는 정부와 관광 관련 기관이 관광산업에 일정한 규제를 가하는 것입니다. 관광지 개발에 제한을 가하는 것이 대표적인 규제이지요. 예컨대 정부는 해안가나 시골의 일정 구역에는 아예 건물이 들어설 수 없도록 제재할 수 있습니다. 또는 호텔을 짓더라도 경관을 해치지 않도록 2층 이상의 높이로 짓지 못하게 하는 등 엄격한 기준을 설정합니다. 관광산업이 문화에 많은 영향을 주지 않도록 규제할 수도 있습니다. 예를 들어 스페인의 메노르카에서는 모든 표지판을 스페인어로 쓰고 관광객 시설을 홍보할 때도 외

세계유산인 호주의 '그레이트 배리어 리프 해양공원'에서는 환경을 보호하기 위해 보트의 수와 보트가 갈 수 있는 지역을 제한한다.

국어 사용을 제한함으로써 스페인어를 보존하고자 노력하고 있어요. 네덜란드 등 일부 국가에서는 관광객에게 규제를 가하기도 해요. 즉, 관광객이 숙박하는 동안 매일 세금을 내도록 해서 그 돈을 해당 지역의 기반 시설을 짓는 데 사용합니다.

국제적으로도 규제 정책을 시행하고 있습니다. 국제연합(UN)은 관광 산업으로 인한 환경의 피해를 줄이려고 몇몇 섬을 생물권 보존 지역으로 선포합니다. 그러면 이곳에서는 도시 개발 규제, 해안 관리, 멸종 위기종에 대한 보호, 환경에 대한 인식을 높이기 위한 교육 프로그램 등 여러 가지 규제와 교육이 시행됩니다. 때로는 국가에서 자발적으로 이런 규제를 시작하기도 합니다. 국립공원이나 보호구역에서는 입장하는 관광객 수를 제한할 수도 있고, 지방정부는 숙박 시설을 포함한 관광 산업에 쓰이는 물의 양을 제한하기도 합니다. 일례로 2005년 페루 정부는 토양 침식을 예방하기 위해, 잉카 유적지로 가는 트레킹로 이용자를 500명 정도로 제한했습니다.

하지만 이렇게 규제가 강하면, 관광객들은 규제가 덜한 곳으로 발길을 돌리게 되고, 결국 관광업 종사자들은 수입이 줄어 생계가 어려워집니다. 2002년 발레아레스 제도에서는 지속가능한 관광 프로젝트를 위해 환경세를 5,000만 달러(약 600억 원)가량 올린 적이 있었습니다. 하지만 대형 여행사와 호텔 소유주들이 환경세는 관광산업 일부에만 유리한 세제라고 거세게 항의하자 당국은 환경세를 폐지했습니다.

찬성 VS 반대

책임 관광은 관광객, 기업, 현지 주민이 모두 함께하는 새로운 관광 문화
다. 책임 관광은 현지 주민과 관광객 모두가 좋은 경험을 하도록 이끈다.

– 해럴드 굿윈 그린위치 대학 책임관광센터장

냉정히 판단하면 윤리적 관광객이라 할지라도 현실을 변화시킬 수 있는
일은 거의 없다. 산호초 목걸이를 사라. 그러면 당신은 산호초 파괴에 일조
하는 셈이 된다. 그렇다면 목걸이를 사지 마라. 그러면 목걸이 행상인의 가
족들이 가난해진다. 결국 모두에게 좋은 방법을 찾기는 무척 어렵다.

– 짐 부처 캔터베리 크라이스트처치 대학 지리관광학과 교수

(타임즈 하이어 에듀케이션 2008년 1월 4일 자 기고)

출입 금지 구역

정부와 시민단체에서는 특정 관광지를 안전상의 이유로 또는 도덕적
인 이유로 가지 말 것을 권고합니다. 지속가능한 여행과 책임 여행을 독
려하는 영국시민단체인 '투어리즘 컨선'은 미얀마의 군부 · 독재정치를
생각해 볼 때 미얀마 관광은 도덕적으로 용납할 수 없는 일이라고 밝혔
습니다. 하지만 미얀마에서 관광업에 종사하는 가난한 사람들을 아무
수입 없이 살아가도록 하는 것이 과연 옳은 일일까요? 미얀마처럼 멀리
떨어진 다른 나라 사람들에게 그곳에서 벌어지는 일에 대해 도덕적 잣
대를 들이댈 권리가 있는 것일까요?

사례탐구 최고의 윤리적 관광지

　윤리적 여행자라는 뜻의 공정여행 단체 '에티컬 트래블러'는 매년 개발 도상국 가운데 세계 최고의 윤리적 관광지 10개 국가를 발표한다. 윤리적 관광지는 해당 지역이 환경에 얼마나 관심이 있는지, 국민이 깨끗한 물을 먹고 사는지, 집회와 투표의 권리가 있는지 등 국민의 인권이 존중받고 사회적 복지가 잘 이뤄져 있는가를 바탕으로 평가한다.

　2012년 윤리적 관광지로 선정된 10개국 가운데 아시아태평양 국가는 오직 팔라우 한 곳뿐이고, 중남미 국가는 아르헨티나, 칠레, 코스타리카를 포함한 6개국이다. 10개국에 선정된 국가는 각기 고유한 윤리적 강점이 있다. 코스타리카는 자연보호구역이 많고, 아르헨티나는 기사를 자유롭게 작성할 수 있는 언론의 자유가 높은 것으로 나타났다.

간추려 보기

· 관광객의 수가 많으면 환경에 미치는 영향도 커진다. 따라서 소규모 관광이 가장 '지속가능한 관광'이라 할 수 있다.
· 지속가능한 관광에서는 경제적인 수익성과 윤리, 문화, 환경적 요소를 함께 살펴야 한다. 또한 해당 지역의 산업과 국제적인 산업 간의 균형을 맞추는 일도 필요하다.

6

CHAPTER

관광산업은 우리에게
도움이 될까요?

관광산업은 세계 발전의 주요 원동력입니다. 전 세계 국가들 가운데 83퍼센트의 국가에서 관광산업은 5대 주요 수입원이며, 2020년까지 해외 관광객 수는 16억 명이 될 것으로 추산됩니다. 하지만 이렇게 발전하는 관광산업이 정말 다양한 사람들과 그들의 문화를 이해하게 하고, 환경에 대한 국제적 인식을 높이는 것일까요?

관광산업은 세계 발전의 주요 원동력입니다. 전 세계 국가들 가운데 83퍼센트의 국가에서 관광산업은 5대 주요 수입원이며, 2020년까지 해외 관광객 수는 16억 명이 될 것으로 추산됩니다. 그렇다면 이론적으로, 많은 수입을 벌어들이는 관광산업이 빈곤을 퇴치하는 데 큰 역할을 한다고 볼 수 있습니다. 하지만 이렇게 발전하는 관광산업이 정말 다양한 사람들과 그들의 문화를 이해하게 하고, 환경에 대한 국제적 인식을 높이는 것일까요?

계속되는 논쟁

관광산업에 종사하는 사람들은 관광산업이 사회와 경제 그리고 환경에 큰 영향을 준다고 말합니다. 사회적인 면에서는, 관광산업 덕분에 문화 교류가 증가하고 지역 주민들이 즐길 수 있는 시설이 마련된다고 해요. 또한 지역의 전통과 문화는 관광객들이 경험하고 싶어하는 상품이기도 하기에 잘 지켜질 수 있다고 합니다. 하지만 관광산업을 비판하는 사람들은 관광객이 지역 문화를 해칠 수 있다고 말합니다. 가령 관광객이 타지역에서 대량생산된 상품을 구입해서 본의 아니게 지역 전통 공예의 맥을 끊거나(36쪽 참조) 범죄를 조장할 수 있다고 합니다(47쪽 참조).

　하지만 경제적인 면에서 관광산업은 사람들의 소득을 높이고, 일자리를 만들며, 도로와 병원과 같은 기반 시설을 확충시키는 등 긍정적 영향을 미칩니다. 관광산업을 찬성하는 사람들은 관광산업이 다른 산업도 같이 발전시킨다고 주장합니다. 반면 비판자들은 관광산업 종사자들이 낮은 임금을 받고 계절에 따라 수입이 들쑥날쑥하며, 관광산업 때문에 지역 산업이 쇠퇴할 수 있다고 지적하지요. 관광 수입이 현지가 아닌 다른 나라로 빠져나가는 누수 현상도 일어날 수 있어요. 또한 개발도상국에서는, 정부가 자국의 지역 주민들보다는 관광객들을 위한 시설에만 투자하기도 합니다.

　환경적인 면에서도, 관광산업 지지자들은 관광산업이 환경과 천연

관광을 하면서 세상에 대한 지식을 배우기도 한다.
사진 속 우간다의 한 가이드는 열대우림의 중요성을 관광객에게 알리고 있다.

관광지에 도움이 되려고 노력하는 관광객들도 있다.
사진 속 남자는 탄자니아의 한 마을에서 주민들이 집에 태양열 발전기를 설치하는 일을 돕고 있다.

자원, 역사적 유적지 보호에 도움을 준다고 말합니다. 하지만 관광산업을 지지하지 않는 사람들은 관광산업으로 인해 자연환경과 문화 유적이 오염되고 소음이 발생하며 쓰레기가 양산된다고 합니다. 심지어 관광산업이 자연환경과 문화를 파괴할 수 있다고 경고해요. 또한 관광객과 현지 주민들이 물과 같은 천연자원을 두고 경쟁해야 하는 일이 발생할 수도 있습니다.

관광산업이 발전하려면

관광산업을 지속적으로 이어 나가려면 관광지를 개발할 때 장기적인 시각으로 신중하게 바라보아야 합니다. 일부 관광객과 여행사는 관광산업이 주는 좋은 영향과 나쁜 영향에 대해 깊이 생각하고 있습니다. 하지만 여행사들은 대체로 돈을 빨리 벌고 싶어 하지요. 단체 여행을 부추기고 수익을 최대한 많이 거둬들이려고만 할 뿐 그곳의 환경이 어떻게 되는지는 거의 신경 쓰지 않습니다. 그렇다 보니 너무 많은 관광객이 일부 관광지로 몰려 관광지가 황폐화되기도 합니다. 그러면 여행사는 새로운 관광지를 물색하지요. 새로운 관광지 역시 관광객이 몰리면 황폐화될 수 있어요. 이러한 과정은 계속해서 반복될 수 있습니다. 그래서 지속가능한 관광을 만들려면, 장기적인 시각에서 지역민의 경제적 수입과 지역의 환경보호에 균형을 맞추면서 지역민과 관광객이 서로 협력하도록 해야 합니다.

찬성 VS 반대

관광은 이 시대의 평화를 증진하고 서로에 대한 이해를 높이는 데 크게 기여하고 있다. 전 세계를 여행하면서 서로의 문화를 배우고 서로의 가치를 높이 평가하게 되면서 세계 평화에 대한 국제적인 이해가 높아졌다.
– 존 F. 케네디 전 미국 대통령

다른 종류의 관광은 차치하고 '윤리 관광'이 실제로도 도덕적이고 윤리적인지 단 한 번도 제대로 평가가 이루어진 적이 없다. 우리는 '윤리 관광' 없이도 휴가를 즐기며 서로를 더 잘 이해할 수 있다.
– 짐 부처 캔터베리 크라이스트처치 대학 지리관광학과 교수

국제적인 압력

세계는 빠르게 변화하고 있습니다. 세계 인구는 매일 20만 명씩 증가하고 있고 이에 따라 관광객도 증가하고 있습니다. 관광객이 선택할 수 있는 관광의 종류 또한 다양해지고 있지요. 인도와 중국과 같이 인구가 아주 많은 나라가 경제적으로 발전하면, 휴가를 즐길 정도의 여유가 있는 사람 수도 그만큼 늘어납니다. 이에 따라 관광산업의 영향력도 더욱 커지게 되지요. 그렇다면 점점 커지는 관광산업을 누가 통제할 수 있을까요?

관광산업은 상호 의존적인 특성상, 누군가의 선택과 행동이 해당 지역뿐 아니라 멀리 떨어진 지역 사람들의 삶과 환경까지도 변화시킬 수 있어요. 이러한 변화를 일으키는 것은 개인일까요? 아니면 관광산업으로 수익을 올리는 기업이나 관광지를 관할하는 정부일까요?

아마도 개인, 기업, 정부 모두일 것입니다. 개인은 휴가를 갈 때 작은 부분에서라도 환경의 지속가능성을 생각해야 합니다. 기업과 정부는, 관광산업으로 수익을 얻기 위해서는 관광객들이 찾는 자연환경과 문화유적을 보호하기 위해 힘써야 한다는 사실을 점차 인식하고 있습니다. 한 예로 세계적인 대형 리조트회사인 클럽 메드는 물 부족에 시달리는 지중해 지역의 리조트 30개에 빗물 수집기를 설치하고 새는 수도관이 있는지 검침하는 기계도 설치했지요. 또한 물을 재활용해서 지속가능한 관광에 기여하고 있습니다.

미래의 관광객

관광객이 관광을 갈 수 있는 곳은 세계 전역으로 점점 넓어지고 있습니다. 관광학자들은 가까운 미래에 관광객이 가장 많이 찾을 지역으로 카타르, 남극, 카보베르데 등을 꼽습니다. 또 중국은 2024년까지 세계 최대의 관광지가 될 가능성이 크고 이때가 되면 관광객 가운데 5퍼센트가 지속가능성을 기준으로 관광지를 선택할 것이라고 합니다.

사람들은 때때로 아주 위험한 모험 여행을 즐기기도 합니다. 케이지 안으로 들어가 바닷속에서 백상아리를 관찰하거나 날다람쥐 모양의 옷

미래에 사람들은 어떻게 휴가를 보낼까? 탄소배출을 줄이기 위해 국내로 관광을 갈까 아니면 백상아리 관찰처럼 새로운 모험을 하려고 더 먼 곳으로 떠날까?

세계 최초의 민간 우주 여행선은 버진 갤럭틱이 될 가능성이 크다. 시험 비행까지 끝난 이 우주여행선은 승객 6명과 기장 2명을 태우고 소리의 속도인 음속보다 3배나 빠른 속도로 매주 한 번 운항할 계획이다.

만 입고 하늘에서 뛰어내리는 윙수트 플라잉을 즐기는 사람들도 있습니다. 미래에는 우주 관광의 기회도 열릴 것입니다. 지금 당장이라도 2,000만 달러(약 220억 원)라는 막대한 비용만 지불하면 로켓을 타고 지구에서 350킬로미터 떨어진 국제 우주정거장에 머무를 수 있어요. 버진 갤럭틱 같은 민간 우주 여행사는 승객들을 훨씬 더 먼 우주로 보낼 수 있기를 바라고 있습니다.

두바이의 하이드로폴리스는 세계 최초의 수중 리조트로 두바이 앞바다 해저 20미터 지점에 있습니다. 하이드로폴리스는 총 면적이 260

헥타르(ha)로 서울에 있는 코엑스몰보다 두 배 이상 넓고 220개의 호텔 객실, 레스토랑, 회의실, 연회장을 갖추고 있어요. 그런데 관광객들이 이렇게 우주와 바닷속까지 관광을 간다면, 그곳의 환경도 파괴되지는 않을까요?

간추려 보기

· 관광산업은 관광지 주민들과 자연환경에 피해를 줄 수 있다.
· 관광산업은 환경을 보존하는 데 도움이 될 수도 있다. 또한 관광 수입을 통해 경제 성장을 가져다주며 세계에 대한 이해를 돕기도 한다.
· 관광산업은 매일 성장하고 있다. 관광객이 증가하고 관광의 종류와 목적지도 다양해짐에 따라 관광산업의 영향력도, 그것이 긍정적이든 부정적이든 간에 커질 것이다.

용어 설명

개발 토지나 해안의 일부분에 공사를 하는 것.

개발도상국 선진국에서 채택되고 있는 기술·지식 및 제도가 아직 충분히 보급되지 않아서 산업의 근대화와 경제개발이 뒤지고 있는 나라.

고성장 개발도상국 성장 속도가 빠른 개발도상국가. 2007년 기준 중국·인도·브라질·체코·헝가리·인도네시아·말레이시아·멕시코·폴란드·러시아·태국·터키의 12국가가 고성장 개발도상국에 속한다.

공정무역 가난한 제3세계 생산자가 만든 환경친화적 상품을 직거래를 통해 공정한 가격으로 구입해 도움을 주자는 윤리적 소비운동. 주로 개발도상국에서 선진국으로 수출되는 농산물 등을 다룬다.

공정여행 여행자와 여행사, 현지 원주민이 대등한 관계에서 모두가 행복할 수 있는 여행 문화를 만들자는 취지로 시작된 여행.

국내총생산(GDP) 한 국가 내에서 한 해 동안 생산된 모든 재화와 서비스의 시장 가치를 합한 수치.

국립공원 자연경관이 뛰어난 지역의 자연과 문화적 가치를 보호하기 위하여 나라에서 지정하여 관리하는 공원.

국제노동기구(ILO) 각 나라의 노동 조건과 노동자의 지위를 개선할 목적으로 1919년 베르사유 평화 조약에 따라 설립된 단체.

국제사면위원회(Amnesty International) 인권 옹호 활동을 펴는 국제 단체. 부당하게 체포되거나 투옥된 정치범의 석방 운동을 목적으로 1961년에 창설하였으며, 1977년에 노벨 평화상을 받았다. 흔히 국제앰네스티로도 불린다.

글라스톤베리 페스티벌 전 세계에서 가장 영향력 있는 음악 축제. 2007년 추산, 한 해고용 효과 13억 원 이상, 공연 수입 360억원, 예산 지출 3,800억 원, 소비 지출 9,400억 원 등으로 경제 효과만 1조3,500억 원을 훌쩍 넘는다. 매년 6월에 4박 5일간 열리는 이 페스티벌에는 연간 20만 명의 관객이 참여해 80개가 넘는 스테이지에서 다양한 장르의 공연과 서커스, 코미디 쇼 등 각종 이벤트가 열린다.

기반 시설 도로, 다리, 학교, 하수처리시설, 상수도 관리시스템 등 사람과 기업에 필요한 공공시설과 서비스.

녹색 관광 환경 훼손을 줄이는 관광의 형태.

녹색 세금 환경에 피해를 주는 활동을 억제할 목적으로 부과되는 세금.

누수 현상 균열, 구멍, 터진 곳 등을 통하여 물이 새어 나가는 것. 이 책에서는 관광 수입이 관광지나 해당 국가에서 빠져나가 외국 여행사, 항공사, 외국 호텔 체인으로 들어가는 것을 말한다.

대안 관광 오늘날 보편화된 패키지 형태로 즐기는 대중 관광에 대응하는 관광 방식. 대안 관광에는 생태 관광은 물론 녹색 관광, 책임 관광, 모험 관광 등이 포함된다.

모험 관광 적극적이며 직접적인 체험을 가능케 하는 형태의 관광. 래프팅, 하이킹, 카약, 트레킹, 행글라이딩 등이 있다.

벌채 토지를 다른 목적으로 사용하기 위해 숲의 나무를 베어 내는 것.

보존 천연자원이 있는 환경을 보존하고 보호하는 것.

생태 리조트 오두막 지속가능한 건축 자재로 주변 환경과 어울리도록 지어진 오두막. 재생 가능한 에너지로 가동되며 자연 분해되는 물품과 재활용품을 사용한다.

생태 관광 생태학(ecology)과 관광(tourism)의 합성어. 자연 보전을 위한 활동을 주목적으로 하며, 관광객에게 환경 보전의 학습 기회를 제공하고 관광으로 인한 수익은 지역의 생태계 보전이나 지역 주민의 생활 개선을 위해 되돌아가는 관광의 한 형태.

성지순례 순례자가 종교적 의무를 지키거나 신의 가호와 은총을 구하기 위하여 성지를 찾아가 참배하는 일. 여기에서는 신성한 장소 혹은 여행자에게 의미가 있는 사건이나 사람과 관련된 장소로 여행을 가는 것까지 포함한다.

세계은행 정식 명칭은 국제부흥개발은행. 각국의 경제 부흥과 개발 촉진을 목적으로 설립되었는데 현재는 주로 저개발국의 공업 발전을 위해 융자를 행하고 있다.

세계화 기업이 무역과 기업 운영에서 국가

를 넘나들며 점차 서로에 대한 의존도가 높아지는 과정.

쓰나미 지진해일. 갑자기 해안을 덮치는 큰 파도. 일본어에서 유래된 말.

오수 사람이 생활하면서 액체성 또는 고체성의 물질이 섞여 더러워진 물.

유니세프 전쟁피해 아동의 구호와 개발도상국 아동의 복지 향상을 위해 설치된 국제연합 특별기구.

의존도 다른 것에 의지하여 생활하거나 존재하는 정도. 이 책에서는 한 국가가 경제적 수입을 한 산업에만 의존하는 것.

지속가능한 천연자원을 고갈하거나 영구적으로 해치지 않는 것을 말함.

지속가능한 관광 미래 세대의 행복과 권리를 침해하면서까지 관광객의 욕구를 충족시키지 않고, 미래 세대도 현재와 같은 수준의 자연환경을 누릴 수 있도록 개발을 통제하며 문화유산들을 보존해 후손들에게 물려줄 수 있는 관광 형태.

책임 관광 관광객이 여행 국가의 경제·환경·문화 등을 존중하고 보호할 책임이 있다는 개념으로, 기존 대규모 패키지 형태의 관광을 지양하고 나온 대안 관광의 하나.

침식 바람, 물, 빙하 혹은 인간의 활동(걷기 등)으로 땅의 표면이 깎이는 일.

칸 영화제 프랑스 남부의 휴양도시 칸(Cannes)에서 매년 5월 개최되는 국제영화제로 베네치아국제영화제, 베를린국제영화제와 함께 세계 3대 영화제이다.

패키지 관광 항공, 호텔, 식사, 오락거리 등 모든 것이 포함된 관광.

폐수 액체성 또는 고체성 폐기물이 혼입되어 그대로 사용할 수 없는 물. 하수보다 넓게 쓰인다.

연표

1385년~1480년대	기독교인들이 예루살렘 등의 성지로 장기간의 성지순례를 떠났다.
1550년대~1789년	유럽 상류층 사이에서는 교육을 목적으로 자녀를 유럽으로 보내는 여행인 유럽 그랜드 투어가 크게 유행했다.
1800년	처음으로 '관광객'이라는 단어가 실린 사전이 출판되었다.
1800년대	건강 관광의 호황기로, 사람들이 치료 목적으로 독일 칼스바트 등의 온천을 찾았다.
1841년	토머스 쿡이 최초의 패키지 관광을 시작했다.
1860년대	미국 요세미티 국립공원이 관광지로 개발되었다.
1902년	스위스 스키 리조트로 떠나는 첫 패키지 관광이 시작되었다.
1901년	관광 전용 목적의 크루즈선이 처음으로 만들어졌다.
1908년	포드 자동차 회사의 '티(T)' 출시로 자동차로 여행하는 사람들이 늘어났다. 이전까지 다른 자동차 회사들이 부유층을 위

한 고급 자동차를 만들었던 반면, 포드가 일반 서민이 탈 수 있을 만큼 저렴하고 튼튼한 자동차를 개발했기 때문이다.

1950년대
제2차 세계대전 때 군사 목적으로 개발된 제트엔진이 전쟁이 끝난 뒤 여객기에 장착되면서 항공기를 이용한 해외 패키지 여행이 본격적으로 시작되었다.

1975년
국제연합 세계관광기구(UNWTO)가 설립되었다.

2001년
뉴욕에서 9·11 테러 공격이 일어난 뒤 항공 안전에 대한 우려로 항공 여행이 급감하고 수천 건의 해외여행이 취소되었다.

2005년
아시아에 쓰나미 사태가 발생하여 해당 지역의 호텔 예약이 급격하게 줄었다.

2010년
민간 우주 여행선의 우주 비행 실험이 최초로 성공했다.

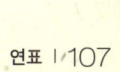

더 알아보기

공정여행

    한국에서는 지속가능한 관광이 공정여행으로 인식되고 있다. 환경을 보호하며, 현지인의 삶과 문화를 존중하고, 나아가 여행지에서 쓰는 돈이 현지인의 생활에 보탬이 되도록 한다.

1. 현지 환경을 생각하는 여행 원칙

- 탄소 배출 최소화를 위한 교통수단을 이용한다.
- 물과 연료의 사용을 최소화한다.
- 적당한 양의 식사로 음식물 쓰레기 배출을 최소화한다.
- 일회용품과 화학 세제, 폐기물의 사용을 최소화한다.
- 환경보호 정책을 가진 숙소, 음식점을 우선적으로 이용한다.
- 여행자의 규모를 최소화하며 불가피할 경우 팀을 나누어 환경의 피해를 줄인다.
- 야생 동·식물을 포획하거나 채취하지 않으며, 그것을 이용하여 만든 상품을 구매하지 않는다.
- 동물을 혹사하는 투어에 참가하거나, 동물 쇼 등을 관람하지 않

는다.

- 환경보호를 위한 프로그램에 참여하거나, 관련 기관을 방문하여 기부 활동에 동참한다.

2. 현지 경제 활성화를 생각하는 여행 원칙

- 내가 지불한 돈이 지역 경제에 도움이 될 수 있도록 현지인이 운영하는 숙소나 음식점을 최대한 이용한다.
- 가능한 한 여행지에서 생산된 상품을 구매한다.
- 여행지에서 만난 판매자와 공정하게 거래하고 무리하게 깎지 않는다.
- 현지인 가이드를 고용하고 적절한 임금을 보상한다.
- 현지인이 운영하는 지역의 교통수단을 적극 이용한다.
- 현지 지역 농산물로 생산된 먹거리를 이용한다.
- 지역 경제 문제 해결을 위한 프로그램에 참여하거나, 관련 기관을 방문하여 기부 활동에 동참한다.

3. 현지 주민의 삶과 문화를 존중하는 여행 원칙

- 여행지의 기본적인 언어와 최소한의 정보를 습득한 뒤 여행에 나선다.
- 여행지의 지역, 사회, 문화, 역사에 관심을 갖고 존중하는 마음을 가진다.
- 여행지의 문화를 체험하고 현지 주민과 교류할 수 있는 프로그램에 적극 참여한다.
- 여행지 주민의 인권을 존중한다.
- 현지인을 혹사시키는 관광 프로그램에는 일체 참가하지 않는다.
- 인물 사진 촬영 전에는 반드시 허락을 구하여 초상권을 보호한다.
- 여행지는 현지 주민의 삶의 터전임을 인식하고 사유지 침범이나 불법 채취, 쓰레기 투기를 하지 않는다.
- 문화 유산 보존과 인권 보호를 위한 프로그램에 참여하거나, 관련 기관을 방문하여 기부 활동에 동참한다.

찾아보기

내인생의책은 한 권의 책을 만들 때마다
우리 아이들이 나중에 자라 이 책이 '내 인생의 책'이라고 말할 수 있는 책을 만들고자 합니다.

세상에 대하여 우리가 더 잘 알아야 할 교양

⑭ 관광산업 지속 가능할까? (원제: Tourism)

루이스 스필스베리 글 | 정다워 옮김 | 이영관 감수

초판 인쇄일 2012년 10월 9일 | 초판 발행일 2012년 10월 18일
펴낸이 조기룡 | 펴낸곳 내인생의책 | 등록번호 제10-2315호
주소 서울시 마포구 망원동 385-39 3층 (우)121-821
전화 (02)335-0449, 335-0445(편집) | 팩스 (02)335-6932
전자우편 bookinmylife@naver.com | 카페 http://cafe.naver.com/thebookinmylife
주간 한소원 | 편집장 이은아 | 책임편집 강길주 | 편집 김지연 손유진 박소란 조일현
제작 심재원 | 디자인 조윤정

책값은 뒤표지에 있습니다.
잘못된 책은 구입처에서 바꾸어 드립니다.

이 도서의 국립중앙도서관 출판시도서목록(CIP)은 e-CIP홈페이지(http://www.nl.go.kr/ecip)와
국가자료공동목록시스템(http://www.nl.go.kr/kolisnet)에서 이용하실 수 있습니다.(CIP제어번호: CIP2012004570)

책은 나무를 베어 만든 종이로 만듭니다.
그래서 원고는 나무의 생명과 맞바꿀 만한 가치가 있어야 합니다.
그림책이든 문학, 비문학이든 원고 형식은 가리지 않습니다.
여러분의 소중한 원고를 bookinmylife@naver.com으로 보내주시면
정성을 다해 좋은 책으로 만들겠습니다.

디베이트 월드 이슈 시리즈

세상에 대하여 우리가 더 잘 알아야 할 교양

전국사회교사모임 선생님들이 번역한 신개념 아동 청소년 인문교양서!

《디베이트 월드 이슈 시리즈 세더잘》은 우리 아이들에게 편견에 둘러싸인 세계 흐름에서 벗어나 보다 더 정확한 정보와 지식을 제공합니다. 모두가 'A는 B이다.'라고 믿는 사실이, 'A는 B만이 아니라, C나 D일 수도 있다.' 는 것을 알려주면서 아이들이 또 다른 진실을 발견하도록 안내합니다.

세더잘 13

동물실험 왜 논란이 될까?

페이션스 코스터 글 | 김기철 옮김 | 한진수 감수

동물실험은 과학과 의학의 진보를 위해 반드시 필요하다.
vs
동물실험은 무의미하게 생명을 죽이므로 폐지해야 한다.

동물실험은 새로이 개발된 의약품이나 화학물질 등을 시판하기 전, 그 안전성을 검증하기 위해서 거치는 과정입니다. 인류는 수많은 동물의 희생으로 건강한 삶을 얻었습니다. 그러나 그 희생이 과연 윤리적으로 합당한지는 생각해 볼 문제입니다. 오늘날에도 동물 보호단체들은 동물실험을 반대하며 시위를 벌입니다. 첨예한 논란을 일으키는 동물실험의 찬반양론을 명쾌하게 정리한 이 책을 읽고 과학 윤리에 대해 생각해봅시다.

세더잘 12

군사 개입 과연 최선인가?

케이 스티어만 글 | 이찬 옮김 | 김재명 감수

군사 개입은 인권 보호를 위해 필요하다.
vs
군사 개입은 다른 나라의 주권을 침해할 뿐이다.

군사 개입은 세계에서 가장 논란이 되는 문제 중 하나입니다. 군사 개입으로 인해 사람이 죽고 공동체가 파괴되기 때문이지요. 폭력을 막기 위해 또 다른 폭력을 사용해도 될까요? 전쟁에 시달리고 있는 지구촌이 평화를 되찾는 법은 없을까요? 이 책은 국제 사회의 뜨거운 감자, 군사 개입을 다루며 지구촌 폭력과 평화에 대해 폭넓게 성찰하게 합니다.

세더잘 11

사형제도 과연 필요한가?

케이 스티어만 글 | 김혜영 옮김 | 박미숙 감수

사형은 국가가 행하는 합법적인 살인이므로 폐지되어야 한다.
vs
사형은 범죄를 억제하는 가장 효과적인 방법이므로 존치시켜야 한다.

사형제도 존폐를 둘러싼 팽팽한 논쟁은 지금도 이어지고 있습니다. 이 책은 사형제도 존폐론 외에도 사형집행의 과정을 생생한 사례와 구체적인 논거로 철저히 분석합니다. 과연 사형에서 공정한 집행이 이루어지고 있는지, 오류는 없는지 등을 포함해, 사형제도를 둘러싼 국제적 이슈를 담아냈습니다. 이 책을 읽고 사형제도에 대한 자신만의 생각을 정립해 봅시다.

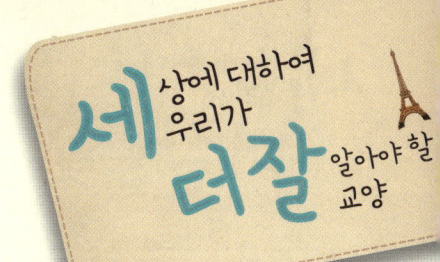

세더잘 01
공정무역 왜 필요할까?

아드리안 쿠퍼 글 | 전국사회교사모임 옮김
박창순 한국공정무역연합 대표 감수

전국사회교사모임 추천도서
2010 문화체육관광부 우수교양도서 선정
2011 아침독서 추천도서

공정 무역 = 페어플레이. 초콜릿과 축구공으로 보는 세계 경제의 진실

공정무역을 포함한 무역과 시장경제를 올바르게 이해하도록 돕습니다. 오늘날 기업은 생존과 발전을 위해서 사회적 책임을 다해야 하고, 따라서 공정무역에 관심을 가질 수밖에 없습니다. 우리 아이들이 미래의 리더가 되기 위해 꼭 알아야 할 공정무역에 관한 책입니다.

세더잘 02
테러 왜 일어날까?

헬렌 도노호 글 | 전국사회교사모임 옮김
구춘권 영남대 정치외교학과 교수 감수

전국사회교사모임 추천도서
2010 문화체육관광부 우수교양도서 선정
2011 4월 대교눈높이창의독서 선정

평화로운 세상을 위해 더 잘 알아야 하는 불편한 진실, 테러

이 책은 '테러'에 대해 어떤 특정 사건과 집단 대신 '테러'라는 하나의 축으로 세계 갈등의 역사를 조망합니다. 나아가 평화로운 세상을 만들기 위해서 '테러'에 대해 잘 알아야 한다고 역설합니다.

세더잘 03
중국 초강대국이 될까?

안토니 메이슨 글 | 전국사회교사모임 옮김
백승도 연세대 중어중문학 박사 감수

전국사회교사모임 추천도서
2011 학교도서관저널 어린이 인문 추천도서

세계 초강대국으로 떠오르고 있는 중국 바로 알기

우리나라는 정치·경제적으로 중국과 더욱 긴밀한 관계를 맺고 있습니다. 가까운 미래에 중국의 영향력은 더 커질 것이기에 중국을 제대로 이해해야 합니다. 이 책은 객관적 시선으로 중국을 편견 없이 바라보도록 돕습니다.

세더잘 04
이주 왜 고국을 떠날까?

루스 윌슨 글 | 전국사회교사모임 옮김
설동훈 전북대 사회학교 교수 감수

전국사회교사모임 추천도서
2011 학교도서관저널 추천도서

지구촌 다문화 시대의 국제 이주 바로 알기

오늘날 국제 사회와 다문화, 다민족 사회를 이해하기 위해 꼭 알아야 할 '이주'에 관한 책입니다. 왜 사람들은 이주를 선택하거나 강요받는지에 대한 다양한 관점을 제시하고, 또 이에 대한 정부의 정책과 국제기구의 활동도 알려 줍니다.

세더잘 05
비만 왜 사회문제가 될까?

콜린 힌슨, 김종덕 글
전국사회교사모임 옮김

2011 보건복지부 우수건강도서 선정
2011 한국간행물윤리위원회 청소년 권장도서

왜 지구 한쪽에서는 굶어 죽는데, 다른 한쪽에서는 비만으로 죽는 걸까?

이 책은 이러한 역설에서 출발합니다. 오늘 '비만'이 왜 사회 문제가 되었는지 역사적, 문화적 관점에서 살피고 선진국과 개발도상국에서 나타나는 비만 문제의 양상과 그 속에 숨은 식품산업의 어두운 그림자, 나아가 전 세계적 차원의 식량 문제로까지 사고의 범위를 넓혀 줍니다.

세더잘 06
자본주의 왜 변할까?

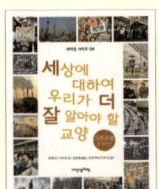

데이비드 다우닝 글 | 김영배 옮김
전국사회교사모임 감수

2011 서울시교육청 추천도서

인류를 위한 가장 바람직한 자본주의의 변화상은 무엇인가?

자본주의의 역사와 발전상에 대해 알아보면서 자본주의라는 경제 체제가 인류를 위해 어떻게 복무했는지, 문제가 발생하면 그때마다 인류에게 봉사하기 위해 어떤 모습으로 변신했는지에 대해 알아봅니다. 이를 통해 논쟁이 끊이지 않는 21세기의 자본주의가 어떻게 변해야 할지에 대해 생각하게 합니다.

※ 더베이트 월드 이슈 시리즈 **세더잘**은 계속 출간됩니다.